KB063202

민주주의는 끝나는가?

야마구치 지로 지음   김용범 옮김

서 있는 일본

벼랑 끝에

어문학사

MINSHU SHUGI WA OWARUNOKA

：SETOGIWA NI TATSU NIHON

by Jiro Yamaguchi
© 2019 by Jiro Yamaguchi
Originally published in 2019 by Iwanami Shoten, Publishers, Tokyo.
This Korean edition published 2021
by Amoonhaksa, Seoul
by arrangement with Iwanami Shoten, Publishers, Tokyo

민주주의는 끝나는가?

벼랑 끝에 서 있는 일본

야마구치 지로山口二郎 지음

김용범 옮김

어문학사

목차

한국어판 서문

이 책의 한국어판을 내는 데 있어서 서문을 부탁받게 된 것은, 본서 간행으로부터 마침 1년이 지나 미국 대통령선거와 겹친 시기였다. 시기적으로 본서에서 제시한 의논을 그 후 정치의 전개에 비추어 검증하는 좋은 기회를 얻게 된 것이다.

2010년대 후반에는, 세계의 민주주의가 위기에 직면하고 있다는 인식이 퍼져 갔다. 민주주의의 모국인 영국 및 미국에 있어서도, 허위와 날조에 의한 정보가 사람들의 정치행동에 큰 영향을 끼쳐, 도널드 트럼프라는 도무지 민주주의를 이해하지 않는 자기중심주의자가 대통령이 되어 버렸다.

이 책에서도 소개했듯이, 구미의 정치학자, 역사학자들은 지금의 상황과 파시즘이 대두한 1930년대와의 유사성을 느끼며 민주주의의 위기에 경종을 울리는 책을 썼다. 또한, 경제의 세계화에 따른 격차의 확대 및, 정보기술의 혁명적 진보라는 사회경제환경의 극적인 변화가 민주주의 정치에 어떤 영향을 주었는지를 분석하는 논문을 저술했다. 본서도 같은 문제의식으로부터 2010년대의 일본정치의 변화 또는 열화를 분석하는 것을 목적으로 한다.

전후 일본의 지도적 정치학자인 마루야마 마사오丸山眞男 (1914-1996)는 "민주주의는 영구한 민주화"라 규정했다. 물론 민주주의에는 고정화된 정치제도라는 측면이 있으나, 보다 광범위한 정치 참여에 기반한 공공적인 문제의 해결을 위한 노력이라는 동태動態, 내지는 과정으로써 민주주의를 파악하는 것이 학문적 비교 연구에 있어서도 시민의 실천에 있어서도 유익할 것이다.

그런 의미에서 1990년대에서 2000년대는, 서양에서 기원을 찾을 수 있는 민주주의가 동아시아에 정착하여 '민주화'가 진행된 시대였다고 평가할 수 있다. 한국에서는 자유 선거에 기반한 대통령제가 정착되어, 보수세력과 혁신세력 사이의 정권교체가 번번이 일어났다. 일본에서는 자민당에 의한 일당 우위체제가 한때 무너진 후, 민의에 의한 정권교체가 일어났다. 전통적인 공동체에 의한 속박은 없어지게 되었고, 자유로운 개인이 정치적 선택을 하게 되었고, 여성 정치가도 늘었다.

그러나 2010년대에 들어 한국과 일본의 민주화는 대조적인 길을 걸었다. 한국에서는 몇 가지 시련을 거친 끝에 시민운동에 의한 정치의 쇄신이 기능하고 있다. 일본에서는 정권교체에 의해 성립된 민주당 정권이 붕괴한 이후로 민주화는 역행하고 있는 것처럼 보인다. 이 역행을 분석하는 것이 이 책의 테마이다. 여기에서는 구미와 마찬가지로 경제의 세계화에 대한 반동, 소셜 미디어의 보급에 의한 언론공간의 황폐화라는 공통된 요인을 발견할 수 있다. 그와 동시에, 버블 경제 파탄 이후 경제의 장기 침체, 아시아 No.1의 대국의 위치로부터의 전락轉落, 전후 75년이라는 시간의 경과에 따른 전쟁에 대한 기억의 상실이라는 일본 특유의 요인도 있다.

　이웃 나라 독자들이 이 책을 읽어 주시는 것의 의미는 일본이 여러 면에서 고민하고 있는 현재의 상황을 이해하고자 하는 점에 있을 것으로 사료된다. 한국에 대한 일본의 고압적인 태도는 그 고민의 반동에 지나지 않는다. 일본에는 "옆의 잔디는 푸르다"라는 말이 있다. 이웃이 가진 것이 부러워 보이기 쉽다는 뜻이다. 정치에 관해서도 한국에서는 시민 스스로의 손으로 민주화를 쟁취한 경험이 큰 의미를 가지고 있고, 시민의 능동적 참여라는 점에서는 일본보다 훨씬 활발한 민주정치가 존재하는 것으로 보인다. 신종 코로나 바이러스 대책에 있어서의 한일 양국 간의 낙차落差 — PCR검사를 철저히 하여 감염을 봉쇄한 문재인 정권과, 가구마다 천 마스크를 2매씩 배포하는 것으로 국민을 안심시키려 한 아베 신조 정권의 차이!—는, 시민 사회와 정치적 리더십의 결합이 있는가 없는가의 반영이라 생각된다. 한일 관계를 타개하기 위한 구체적인 지혜를 나는 가지고 있지 않다. 그러나 일본 측이 아시아 유일의 선진국이라는 과거의 자존심을 버리고, 다양한 고민을 안고 있는 나라들끼리 대화하는 길만이 진정한 선린 우호관계를 만드는 길일 것이라 생각하고 있다.

2020년 11월 미국 대통령 선거에서 민주당의 조 바이든 후보가 트럼프 대통령에 승리하여, 미국 정치도 마침내 정상 상태로 돌아갈 것으로 보인다. 그러나 7천만 명 이상의 미국 시민이 트럼프에 투표한 것도 사실이다. 경제적 격차, 인종 갈등 등의 문제를 해결하고 사회 통합을 회복함과 동시에 지구환경문제에 씨름하는 것은 정신이 아찔해질 만큼 어려운 작업이다.

일본에서는 2020년 9월 아베 신조安倍晋三가 수상의 자리에서 물러나, 스가 요시히데菅義偉가 다음 수상으로 취임했다. 그러나 아베 시대에 확립된 수상에 의한 강권적 지배는 계속되고 있다. 아베가 물러나도 아베적인 것은 이어지는 것 같다. 그러나, 민주주의를 포기할 수는 없다. 신종 코로나 바이러스 대책이든, 지구온난화 방지 대책이든, 소수의 현명한 리더가 해결책을 가르쳐주는 것은 아니다. 민주주의라는 틀을 통해 우리 자신이 납득할 수 있는 정책을 결정해 나가지 않는다면 인류사회의 지속가능성이 위태롭게 된다.

민주주의를 지속하기 위한 지혜와 에너지를 어떻게 모을 것인지, 거듭 한국의 연구자, 시민들과 함께 대화해가고 싶다.

마지막으로, 번역에 힘써 준 김용범씨에게 마음으로부터 감사를 전하고자 한다.

2020년 11월
야마구치 지로

저자의 말

민주주의하에서의 정치는 결코 이상적인 것일 수가 없다. 일찍이, 마루야마 마사오(일본의 정치학자)는 정치의 바람직한 모습을, 후쿠자와 유키치의 말을 가져와 '대환건강帶患健康'이라 칭했다. 조금 상태가 나쁜 데가 있다고 해도, 전체적으로는 그럭저럭 건강을 유지하고 있는 사태가 바람직한 정치의 모습이라는 의미이다. 역사를 뒤돌아보아도, '건강'은, 나치스가 강국을 만들어 내기 위해 내세운 정책목표였다. 완벽한 건강을 추구하면 건강에 발목을 잡는 요소를 잘라내려 들게 되어 불건전한 강권정치로 이어진다.

그러나, 최근의 여러 선진국들의 정치의 움직임을 보면, '대환건강'이기는커녕 건강 그 자체를 위협하는 심각한 병이 유행하고 있는 것은 아닌가 하는 생각이 든다. 미국에서는, 국가의 최고지도자가 태연히 거짓을 말하고, 소수자를 차별하는 언동을 이어간다. 중동이나 아프리카로부터 온 이민자, 내지는 그 이민자의 자손인 여성 국회의원에 대해 대통령이 '너희 나라로 돌아가라'고 하는 것은, 미국 건국의 이념을 부정하는 폭언이다.

이것에 항의하는 시민도 많으나, 어디까지든 대통령을 지지하는 사람들도 있다. 트럼프 대통령의 존재 자체가 사회를 분단시키고, 그것을 심각하게 한다.

영국에서는, 2016년의 국민투표에서 EU 탈퇴를 결정한 이래, 탈퇴의 구체적 방책을 둘러싸고 혼미가 이어지고 있다. 국민투표를 주창한 캐머런 수상은 투표결과를 받아들고 바로 사임하였고, 그 뒤를 이은 메이 수상도 탈퇴의 구체적 방책에 대해 의회의 승인을 얻지 못하고 2019년 7월에 사임했다. 그 뒤에 등장한 것이 존슨 수상이나, 국민투표 때에 EU에 대한 분담금을 없앨 시 영국의 사회보장이 개선된다는 근거 없는 슬로건을 외치며 탈퇴를 추진한 인물이다. 합의 없는 탈퇴가 될 경우에는 큰 경제적 혼란이 일어날 것으로 예상됨에도 불구하고, 수상은 9월에 의회를 폐회했고, 2019년 10월 말인 탈퇴기한을 향해 영국정치는 표류를 이어가고 있다(2020년 12월 24일, 자유무역협정(FTA)을 포함한 미래관계(future relationship) 협상이 타결되어 노딜 브렉시트는 피할 수 있었으나, 이후로도 대對 EU 수산물 수출, 택배 운송 등에서 차질이 끊이지 않고 있다. 옮긴이).

독일에서는, 긴 세월에 걸쳐 정권의 기둥이 되어 왔던 중도우파 기독교민주당과 중도좌파 사회민주당의 지지율이 저하해 왔다. 2017년의 연방의회선거에서는 기독교민주당 의석이 감소하여 연립교섭이 난항을 빚어 6개월간의 교섭을 거쳐 기독교민주당과 사회민주당의 대연정에 의해 메르켈정권이

유지되었다. 한편으로, 극우 '독일을 위한 대안'이 약진하여, 제3당이 되었다. 구舊 동독주에서는 제1당을 바라보는 분위기이다. 이러한 혼미 속에서, 정권운영은 난항을 겪어, 메르켈 수상은 2021년에 수상직을 사임할 것을 표명했다.

프랑스에서는 이민배척을 주창하는 국민전선이 대두하여, 같은 당의 르펜 당수가 2017년 대선에서는 결선투표까지 올라갔다. 마크롱 대통령은 중도우파로 과거 사회당의 일부 지지를 얻어 당선되었으나, 그가 진행하는 유류세의 증세에 대해, 2018년 가을부터 '노란 조끼 운동'이 전국으로 확산되어, 정치에 대한 불만이 퍼져 가고 있는 것을 보여주었다.

이탈리아에서도, 1990년대에 정당의 정당재편 이래 정권의 주가 되어 왔던 중도우파, 중도좌파의 정당지지율이 저하하여, 2018년 3월 총선 후 정권의 구성을 둘러싸고 3개월 이상 공백이 이어졌다. 그 후, 기성 정치가 및 엘리트에 대한 비판을 들고 나온 좌파 포퓰리스트 '오성운동'과 이민배척을 주창하는 우파 포퓰리스트 '동맹'의 연립에 의해 정권이 탄생했다. 그러나, 양당의 사이에서는 알력이 이어졌고, 2019년 8월에 연립의 재편이 이루어졌다.

이와 같이 구미의 주요국의 정치는 어느 곳이든 크게 동요하고 있다. 종래 정치를 짊어져왔던 정당이 급속히 지지를 잃고, 포퓰리스트 정당을 중심으로 하는 신흥세력이 대두하고 있으나 안정된 통치가 확립되지 않은 상황이다.

그렇다면 일본의 경우는 어떠한가. 2012년 말에 발족한 제2차 아베정권은 국정선거에서 승리를 이어가며 높은 지지율을 유지하며 안정되어 있는 듯이 보인다. 그러나, 거기에는 매년, 내각이 붕괴할 만한 큰 스캔들이 일어나고 있다. 모리토모학원 의혹에 관련된 공문서 위조 등이 그 전형이다. 또한, 집단적자위권의 행사용인에 대하여, 국론을 양분되게 하는 논쟁이 일어나 내각법제국 장관이나 최고재판소 장관을 경험한 전문가가, 집단적자위권의 용인은 헌법위반이라 발언했다. 종래의 상식이라면 내각이 무리하게 입법을 추진하는 것이 불가능한 여론상황이 존재했다. 그러나, 아베 수상은 반대론을 무시하고 정책을 무리하게 추진하며, 부패·부정의 의혹에 대해서는 진상규명을 거부한 채 직책에 머물며 재발방지에 힘쓰겠다고 뻔뻔하게 나오고 있다. 이러한 억지로 일을 진행시키는 무리함과 뻔뻔하게 나오는 태도가 아무 생각 없이 용인되어 버리는 것이 아베정권의 특질이다. 그 의미에서, 정권은 안정되어 있다 하더라도, 부패나 강권정치라는 병리는 진행되고 있다. 대환건강 등 느긋한 이야기를 할 만한 상황이 아니다.

제2차 아베정권하에서, 일본의 민주주의는 무너져 왔다. 아베정권이 진행한 헌법질서를 향한 공격, 그 정권이 일으킨 정치부패 및 부정과 주요 선거의 결과를 열거하면, 다음의 표와 같다.

2012년	12월	제2차 아베정권 발족.
2013년	7월	참의원선거에서 자민당 압승, 네지레국회(중의원과 참의원의 과반수를 차지하는 정당이 다른 뒤틀린 국회 상태. 옮긴이) 해소.
	12월	특정비밀보호법 성립.
2014년	7월	집단적자위권 행사가 헌법9조하에서 가능함을 각의결정.
	12월	중의원 총선거에서 현상유지.
2015년	9월	집단적자위권의 행사를 주요한 내용으로 하는 안보법제 성립.
2016년	7월	참의원선거에서 개헌세력 2/3를 유지.
	12월	남수단에서의 자위대 PKO활동의 일보日報 은폐가 발각.
2017년	2월	모리토모학원에 대한 국유지의 부당한 염가의 양도가 발각.
	5월	가케학원의 수의학부 신설이 총리안건으로서 특별 취급받고 있었던 점이 발각.
	6월	공모죄법(조직적 범죄 처벌법 개정)이 성립.
	7월	도쿄도 의회 선거에서 자민당 대패.
	10월	중의원 총선거에서 자민당 현상유지.
2018년	2월	일하는 방법개혁 법안 내의 재량 노동제에 있어서 제안의 근거가 되는 노동시간조사에 허위가 있었던 점이 발각되어, 재량노동제는 철폐됨.
	3월	모리토모학원에 대한 국유지 양도에 관한 공문서에 아베 수상 부부의 관여를 삭제하는 위조가 행해졌던 것이 발각.
	9월	아베 수상, 자민당 총재선거에서 3선.
2019년	1월	경제분야의 통계조사에서 데이터의 조작·날조가 발각.
	7월	참의원선거에서 자민·공명 양당의 과반수 유지. 여당과 유신을 포함하여 개헌세력은 2/3 유지에 실패.

지금까지 일본정치의 상식을 적용하자면, 이러한 정치부패나 부정 내지 강권적 입법이 하나라도 있었다면, 선거에서 정부 여당은 패배를 겪었을 것이다. 그리고, 정권교체에 이르지 않더라도, 자민당 내에서 권력 교체가 일어났을 것이다. 어째서 그렇게 되지 않는 것인가. 하나의 설명으로, 허위나 부정, 다수의 전제가 너무나 빈발하여, 국민도 그것에 익숙해져버려, 분노의 여론이 높아지지 않는 탓을 들 수 있을 것이다. 이제 일본인은, 아베정권의 부정·부패가 뒤이어 가는 것을 허용하며, 하나하나의 문제를 받아들여, 비판하는 능력을 잃어버린 것은 아닌가?

그러나, 한층 의문은 남는다. 어째서 사람들은 부정이나 부패에 대해 익숙해져, 분노하지 않게 된 것인가. 다양한 문제가 뒤를 잇는데도 불구하고, 어째서 아베정권은 거의 항상 40% 이상의 지지율을 유지하고 있는가?

전후 일본 민주주의가 어느 정도 제대로 된 것이었는지에 대해서는, 다양한 의논이 있을 수 있을 것이다. 그러나, 정치가는 국회답변에서 거짓을 말해서는 안 되었으며, 권력을 이용하여 사적이익을 취했던 것이 명백히 드러나면 책임을 지고 사임을 했던 점에서 최소한의 상식이 기능했다고는 할 수 있을 것이다. 여기에 비해, 아베정권 7년간 지금까지의 정치에 대한 상식이 적용되지 않게 되었다. 상식의 붕괴를 방치한다면, 우리들이 당연한 존재라 생각해온 자유나 민주주의를 빼앗길 위험이 있다. 정치의 상식이란 자유를 지키기 위해서 긴 세월에 걸쳐 정치권력과 싸워가며 배양해 온 것이다. 정치의 상식을 지키기 위해서도, 상식을 용해溶解, 붕괴崩壞시키고 있는 요인은 무엇인가를 생각하는 것이, 정치학의 과제이다. 본서에서는, 자유와 민주주의의 옹호라는 관점으로부터 이 붕괴현상에 대해서 고찰하고, 비판의 시좌를 구성하는 시도를 해보고자 한다.

제1장

벼랑 끝에 서 있는
민주주의

1. 전후에 민주주의가 이어진 이유

전후세계의 민주주의

　2010년대 후반들어, 제2차 세계대전 후에 구미선진국이나 일본에서 형성된 정치와 사회시스템이 큰 위기에 직면하고 있다. 일본의 전후 민주주의의 위기에는, 그러한 선진국에 공통된 측면과, 전후 일본의 문맥 속에서 고유의 측면이 병존하고 있다.

　먼저, 일본의 경험으로부터 시야를 바꾸어, 제2차 세계대전 이후 선진국에서 반세기 정도 이어진 민주주의 체제, 세계 레벨의 '전후 민주주의'를 특징짓고자 한다. 전후세계의 민주주의는, 제2차 세계대전 종전 후 얼마 안 되어 시작된 동서냉전과, 전쟁에 의한 파괴 뒤의 경제성장이라는 2가지의 전제조건 위에 존재했다. 소련을 맹주로 하는 사회주의체제와의 대립이라는 상황은, 서방 측 여러 국가들의 정치·경제 엘리트에도 긴장감을 부여했다. 노동자를 통합하기 위해서는, 자본주의체제하에서 인간이 행복하게 된다는 것을 체감시킬 필요가 있었다. 그리하여, 기술혁신과 생산성 향상에 수반하여 증가하는 부를 노동자에게도 분배하는 시스템, 포디즘이 확립되었다. 이것은, 원래 자동차메이커 포드사가 시작한 생산성 향상과 임금 상승을 연동시킨 노무관리시스템이다. 이 시스템에서 노동자는 계급투쟁을 하지 않고 생산성 향상에 협력하면 임금 상승을 얻었고, 그것으로 내구소비재나 주택을 구입하여, 풍요로운 생활을 누리는 것이 가능했다. 또한, 일반적인 노동자가 소비재를 구입하는 것으로 수요가 한층 확대되어, 경제성장은 촉진되었다. 기술혁신과 경제성장, 노동자의 임금 상승, 노동자의 정치경제체제로의 지지의 호순환이 이어졌다.

이렇게 어느 정도 생활수준을 유지한 온건한 중산층이 형성되었다. 그리고 민주주의는, 경영자단체, 노동조합, 농민, 그 외 전문직능단체 등의 이익단체를 단위로 하는 참가와 조정의 메커니즘이 되었다. 또한, 정당은 정치경제체제를 둘러싼 이데올로기를 버리고, 사회의 각종 집단에 이익을 가져다주어 사회 여러 곳에서 지지를 얻는, 포괄정당(catch-all party)이 되었다. 이 구조는 정치과정에서 존재감을 지니는 주요한 단체에 대한 기득적 이익을 가져다주게 되어, 여기에서 진정한 공동이익은 실현될 수 없다는 비판이 나타났다. 대표적으로, '자유주의의 종언'을 설파한 미국 정치학자 로이(Theodore J. Lowi)를 들 수 있다. 이러한 문제점은 있으나, 많은 사람들은 단체에 귀속하는 것으로, 있을 곳을 얻고, 정책에 의한 이익 배분을 받는 것이 가능했다. 20세기 후반의 선진국의 민주주의는 이렇게 안정되었다.

이 시기의 민주주의 체제는 다음의 4가지의 요소로 구성되었다. ①표현의 자유 및 집회결사의 자유를 중심으로 하는 헌법으로 보장된 기본적 인권, ②정치에 있어서의 대표민주제와 경쟁적 정당제, ③경제에 있어서의 자유로운 시장메커니즘, ④경제성장의 과실이 공평히 배분되는 점이다. 이러한 요소들이 포함된 정치경제체제를 '자유민주주의'라 부르는 것이 일반적으로, 전후의 서구, 북미, 오세아니아에서 자명한 전제이다.

본서에서는, 전후세계의 자유민주주의를, 단순히 '민주주의'로 부르기로 한다. 민주주의에는 정치참가와 동시에 자유를 보장하는 것이 불가결하여, 일부러 '자유'를 붙일 필요가 없다는 것이 첫 번째 이유이며, 두 번째 이유로, 일본에서 의논하는 경우, 자유민주당이라는 정당이 여러 해 권력을 지니고 있어, 최근에는 본서에서 비판하는 것 같이 자유주의나 민주주의를 위협하는 정책이나 권력운영을 행한 탓으로 자유민주주의라는 단어를 순수하게 분석개념으로서 쓰는 것이 어렵기 때문이다.

전후 일본의 구조

전후 일본은 상당 부분 서구나 북미의 민주주의적인 정치, 경제의 구조를 공유해 왔다. 일본의 경우, 전후 초기부터 20년 정도는 노동운동에 있어 마르크스 레닌주의의 영향이 컸고, 계급투쟁을 지향하는 전투적인 노동조합도 있었다. 그러나, 1960년의 미쓰이 미이케 쟁의가 노동 측의 실질적 패배로 끝난 후, 민간 부문에서는 기업별 노조가 노사협조노선을 띠게 되었다. 그리고 포디즘의 순환이 정착되었다. 오일쇼크 직후를 제외하고, 1980년대까지 거의 일관되게 경제성장이 이어져 많은 국민들이 풍요로운 생활을 실현할 수 있었다. 자민당은 이러한 풍요로운 생활을 향유하는 사람들에 지지받는 전형적인 포괄정당이 되었다. 그리하여 일본에서도 헌법체제, 대표민주제, 시장경제, 공평한 배분의 조합에 의한 민주주의가 정착되어 갔다.

일본에 있어, 1980년대에 총중류사회가 출현했다. 이 시대의 일본사회론으로서 가장 적확했던 것은, 경제학자 무라카미 야스스케村上泰亮에 의한 '신중간대중론新中間大衆論'이었다. 무라카미는, 고도경제성장에 의해 형성된 중간층을 신중간대중으로 부르고, 다음과 같이 규정했다. 일본의 경우, 유럽에 있는 것과 같은 계급격차는 존재하지 않고, 경제성장의 과실은 어느 정도 공평하게 분배되었다. 또한, 성장 부문 이외에서 일을 하고 있는 농민이나 중소기업자 등에 대해서도, 정부를 통한 재분배가 이뤄졌다. 또한 주택이나 내구소비재의 보유 등의 생활양식, 교육수준, 정보취득, 여가를 보내는 방법 등에 있어, 직업, 거주지역에 의한 큰 차이는 존재하지 않았다. 전국 어디에서 어떠한 일을 하고 있는 사람도, 유사한 생활양식을 지녀, 텔레비전이나 전국지를 통해 정보를 취득하고, 여가를 그 나름대로 향유하고 있었다. 이러한 균질적인 신중간대중이 형성되었던 것이, 전후 일본의 특질이었다.

신중간대중이란 개념은, 국민의 9할이 '중류'의식을 지니던 당시의 일본에 적합적이었다. 더 나아가, 어느 정도의 생활수준을 향유하는 사람들은, 정치적으로는 현상유지지향이 강하였다. 자민당 정권의 장기지속, 1990년대에 있어서의 자민당 지지율의 재상승은, 생활보수주의라 불리는 그러한 정치태도의 반영이었다.

전후의 자민당정치가 구미의 민주주의의 기준을 충족하는지 어떤지에 대해서는, 다양한 평가가 있었다. 일본의 경우, 자민당의 창당 이래 정권교체가 일어나지 않았고, 권력을 둘러싼 다원적인 경쟁이 존재하지 않은 점에서 충분한 민주주의는 아니라는 의논도 있었다. 그러나 근대적인 헌법의 틀에서 대표민주제가 지속되어, 정책적인 재분배에 의한 광범위한 국민의 만족을 얻었다는 점에서 민주주의가 형성되어 정착했다는 평가는 가능하다.

1980년대, 나카소네 야스히로中曽根康弘 정권이 '전후 정치의 총결산'이라는 슬로건을 주창하여, 복고적인 체제전환을 암시한 일도 있었다. 또한, 야스쿠니신사에 공식참배를 하여 전후의 헌법체제 기저에 있는 전쟁에 대한 반성을 애매하게 하려 한 일도 있었다. 그러나, 이러한 기도는 슬로건의 제시 이상에는 이르지 않았다. 1986년, 나카소네는 중·참의원 동시선거를 단행하여, 큰 승리를 거두었다. 이것은 그의 정권이 진행한 정치개혁, 다시 말하여 공공부문의 인원삭감과 효율화 정책이 지지를 얻었기 때문으로, 이것도 또한 생활보수주의의 결과였다. 1980년대까지는, 일본에서도 민주주의의 상대적 안정기가 이어졌다.

물론, 이 시대의 민주주의에 대해서는, 일본 특유의 동조주의의 사회체질에 착목하여, 진정한 자유는 존재하지 않는다는 비판도 존재했다. 예를 들면, 사상사가 후지타 쇼조藤田省三에 의한 '안락으로의 전체주의'라는 의논은, 그중에서도 가장 정곡을 찌른 날카로운 것이었다. 후지타는, 물질적인 풍요로움이 포화상태에 달한 당시의 일본에 있어서 편리함이나 풍요로움의 추구 이외의 삶의 방식이 없는 상태를, 일종의 전체주의라 주창했다. 당시의 공업사회를 근저根底로부터 재검토하여, 지구환경문제 등 풍요로움의 추구가 가져오는 폐해의 극복을 향한 내부성찰적인 지성의 거점을 요한다는 후지타의 고찰은, 문명론적인 비판이었다. 후지타는, 풍요로운 사회의 결락을 지적하고 있었다고 할 수 있다.

　일본에서는 헌법에서 명문화되어 있는 자유가 그 나름대로 유지되어 왔다. 그러나, 후지타가 비판한 대로, 동시에 동조압력이 강한 사회이기도 했다. 특히 학교와 사회에 있어서 개인의 자유로운 이의 제기를 막는 획일주의가 만연했다. 이 점은, 포스트 산업사회를 여는 경제나 기술을 창조하는 데에 지극히 억제적으로 작용했다. 윗사람의 의중을 생각하기만 하는 평범한 인간형이 다수를 점하는 조직에 있어서는, 실패는 은폐되고, 책임은 애매해져 잘못된 노선으로부터 수정이 불가능해진다. 그 점은, 버블붕괴 후의 불량채권문제, 필요 없는 공공사업 등의 사례에서 질릴 만큼 보여졌다.

2. 민주주의가 변조를 초래하게 된 이유

　냉전이 끝난 1990년대 초엽, 미국의 프랜시스 후쿠야마 (Francis Fukuyam)가 내세운 '역사의 종언'이라는 주장이 널리 주목되었다. 사회주의체제가 소멸하고, 20세기에 이어져 온 자본주의와 사회주의의 이데올로기 대립은 끝났다. 후쿠야마는, 냉전 이후의 시대, 정치에 있어서의 대표민주제와 경제에 있어서의 시장 시스템은 수많은 선진국에 있어 자명한 전제가 되어, 그 틀 내에서 경쟁이 일어난다고 주장했다. 그러나, 후쿠야마의 예언은 틀렸다고 이야기하지 않으면 안 된다.

　우선, 폴란드, 헝가리 등의 동구혁명에서 민주화된 나라들에, 민주주의가 정착하고 있지 않은 것이 지나면서 명백히 드러났다. 더 나아가, 2010년대 후반, 구미의 선진국에서도 민주주의는 변조를 초래하게 되었다. 또한 급속히 시장경제화를 진행시킨 러시아나 중국에서도 정치적으로는 권위주의가 강해졌다.

종래의 다원적이며 관용적인 사회의 분위기는 서서히 험악하게 변해 간 끝에 과격한 주장을 하는 특이한 리더가 출현했다. 미국에 있어서는 트럼프 대통령의 탄생, 영국에 있어서는 EU 탈퇴를 추진한 데마고그의 출현이 그 전형이다. 이에 현재의 민주주의가 빠져 있는 곤경에 대해서 그 이유를 생각해보고자 한다.

중간층의 붕괴와 몰락

'의식주가 있어야 예의를 안다', '항산이 없으면 항심이 없다'라는 말은, 민주주의에도 해당되는 말이다. 생활이 안정되고, 경제적인 불안이 없는 상태여야만, 사람들은 자유나 인권에 관한 규범을 존중하고, 사회의 구성원으로서 타자에 대한 경의를 갖고 책임있는 행동을 하는 것이 가능하다. 전후 민주주의의 안정화시대의 경제성장의 과실은 노동자에게도 분배되었다. 또한, 서구 여러 국가들에서는 복지국가의 공적연금제도, 포괄적인 의료보험 등 여러 제도가 정비되어, 빈곤, 질병, 노령 등 생활에 관한 리스크는 공공부문이 커버했다. 미국의 다큐멘터리 영화 작가 마이클 무어가 〈화씨 119〉에서 그린 미시간주의 자동차공장에서 일하는 노동자의 안정된 생활은, 이 시대의 정경이었다.

그러나 1990년대 이후, 선진국의 경제환경은 크게 변화했다. 그 최대의 원인은 사회주의체제의 붕괴와 글로벌 자본주의의 석권이다. 자본주의와 사회주의가 체제 간의 경쟁을 한 시대에는, 자본주의국가의 엘리트들로서도 자본주의하에서 노동자가 인간답게 살아갈 수 있는 점을 실증할 필요가 있었으나, 사회주의체제의 소멸에 의해 19세기에 마르크스가 그린 것과 같은 가혹한 자본주의가 부활하였다. 이익의 최대화를 필요로 한 자본이 국경을 넘어 글로벌로 흘러드는 시대에 돌입하여, 선진국의 경제는 크게 변용했다.

첫 번째 변화는, 포디즘의 붕괴이다. 선진국에서는, 소비생활이 포화상태에 달하여 물건에 대한 수요가 줄어드는 한편, 저임금을 원할 시 생산거점을 외국에 이전하는 것이 용이하게 되면서, 이제는 국내의 노동자를 후대할 필요가 없게 되었다. 90년대 이후에 IT혁명에 의해 생산성은 크게 향상되었으나, 그것이 가져온 과실은 더 이상 노동자에게는 분배되지 않게 됐다. 임금의 상승율은 크게 둔화되었다. 특히 일본에서는 90년대 후반부터 임금은 저하경향을 띠게 되었다.

두 번째로, 첫 번째 변화와 관련되는 고용의 불안정화이다. 기업은 경기변동에 유연히 대응을 하여 이익을 확보하기 위해 임금을 고정비로부터 변동비로 전환했다. 정사원의 삭감과 비정규노동의 확대가 그것을 가능하게 했다. 이런 면으로부터도, 임금의 저하압력은 강해졌다. 병행하여, 19세기 후반으로부터 20세기에 걸친 노동 운동이 쟁취했던 노동조건에 대한 다양한 규제=보호도 무너졌다.

세 번째로, 정부의 재분배기능의 저하이다. 20세기 후반의 복지국가의 정부는 법인세나 누진소득세에 의해 세입을 확보하여, 노동자나 저소득자에 대해 재분배를 행했다. 또한, 사회보험에 있어서도 고용주부담이 중요한 재원이 됐다. 그러나, 글로벌화의 시대가 시작되고 기업은 조세나 사회보험부담을 기피하여 외국으로 자유로이 이전하게 되었다. 정부는, 고용을 확보하여, 경제성장을 유지하기 위해서, 기업을 붙들어 맬 필요에 쫓겨 법인세나 부유층에 대한 누진과세를 경감시키는 것도 어쩔 수 없게 되었다. 일본에서도 아베 수상이 말한 것과 같이, 무엇보다 기업이 비즈니스하기 쉬운 환경을 만드는 것이 경제정책의 목표가 되었다.

이렇게 하여 기업에서 안정적인 고용을 얻어, 풍요로운 생활을 향유한 중간층은 해체되어 갔다. 경제적인 불안의 증가는, 과거 중간층에 속한 사람들의 정치의식에 큰 영향을 끼치게 되었다. 이제는, 포괄(catch all)정당은 과거의 꿈같은 이야기가 되어, 글로벌 자본주의가 창궐의 극에 달한 시대에 이르러 대기업과 부유층의 이익을 추구하는 승자독식(winner take all)의 정치가 나타났다. 1990년대의 미국으로부터 시작된 부의 무한한 추구 및 탐욕의 정당화는 세계적인 풍조가 되었다. 보다 큰 비즈니스의 기회를 확대하기 위한 규제완화나 민영화가 경제정책의 세계표준이 되었다.

한편, 재분배와 평등을 추진하는 좌파정당은 시간이 지나며 점차 쇠약해져 갔다. 1990년대 후반에는, 영·불·독 3개국에서 좌파정당이 정권을 잡았었으나, 글로벌 자본주의라는 여건이 주어진 것을 전제로 하여, 사람들의 가득稼得능력을 향상시키는 교육정책을 유지하는 미온적인 대처를 취했기 때문에, 노동자의 불만을 해소할 수 없었다. 프랑스에서는 2010년에 사회당의 올랑드 대통령이 집권했으나, 볼만한 성과는 세우지 못했고, 도리어 사회당은 신자유주의적 노선의 마크롱 정권을 지지하는 그룹과, 보다 원리주의적인 사회주의를 추구하는 좌파로 분열되어 사실상 해체되었다. 영국에서는 2010년에 노동당정권이 붕괴된 후, 고전적인 좌파와 글로벌 자본주의경제에 타협하는 우파의 대립이 심각하여, 좌파의 제러미 코빈(Jeremy Corbyn) 당수가 다음 수상 후보라 생각하는 기대는 없다. 독일에서도, 사회민주당은 대연립정권에 참가하고 있으나, 존재감을 발휘하지 못한 채 지지율은 저하를 이어가고 있다.

이렇듯 20세기 후반의 복지국가를 리드했던 중도좌파정당은 시대에 대응한 정책을 제시하지 못하고 있다. 한편, 보수정당은 관대하고 친절한 정치를 버리고, 대기업과 부유층 우선의 노선을 취하고 있다. 몰락한 중간층은 이렇게 기성정당으로부터 이반하여, 서민의 편을 표방하는 신기한 리더나 정당을 지지하게 되었다.

민주화의 패러독스

　민주주의의 변천은, 20세기 후반에 추구된 보다 더 많은 민주주의(more democracy)에 의해 가져와졌다는 역설적인 사정도 지적할 수 있다. 20세기 후반의 안정된 민주주의의 시대에도, 그 시스템으로부터 비껴간 사람들이 존재했다. 정치참가의 단위가 기업, 노동조합, 농민단체, 전문직단체 등 생산·공급 측의 집단이었던 점으로부터, 주요한 등장인물은 남성일꾼에 한정되었다. 또한, 인종·종교·언어 등의 소수집단, 나라에 따라서는 이민자도 배척되어 왔다.

　1960년대 이후, 학생운동, 여성해방운동, 미국에 있어서의 흑인의 공민권 운동 등이 활발화되었다. 자유나 민주주의를 특정한 카테고리의 사람만이 향유하게 하는 것이 아니라, 한층 더한 민주화에 의해 민주정치의 폐색을 타파한다는 운동이 각국에 퍼졌다. 그 결과, 민주주의 국가에서 종래에 권리를 인정받지 못하고 있던 사람들이 권리를 획득하고, 사회는 다양화되었다. 민주주의는 영구혁명이라는 마루야마 마사오의 테제에 따른다면, 선진국이라 하더라도 민주주의는 고정적인 제도여서는 안 된다. 종래에, '이급시민'으로 취급받았던 사람들이 권리를 요구하는 것은 당연하며, 민주화의 정도가 높아지는 것은 긍정할 만한 것이다.

　예를 들면, 미국독립선언에서는 "모든 인간(all men)은, 신에 의해 평등하게 만들어져, 빼앗길 수 없는 권리를 부여받았다"고 1절에서 말하고 있다. 이 문장이 쓰여진 시기로부터 1세기 반에 이르는 동안 '모든 인간'은 백인 남성만을 의미했었다. 그 후 여성, 흑인, 유럽 이외로부터 온 이민자들이나 그 자손이, 자신들도 인간이라고 주장하여, 평등과 권리를 획득했다. 민주주의란 이러한 프로세스이다.

그러나, 21세기에 들어서 이러한 원리나 건전함, 영어로 말하면 '정치적 올바름(political correctness)'에 대한 질림과 반발이 미국 및 서구에 퍼져 갔다. 이 반동은, 민주화의 진행으로의 반작용이다. 민주화와 반작용의 미묘한 관계에 대해서, 시대를 따라가며 고찰하고자 한다.

참가의 양의 확대는 참가의 질의 향상이라는 기대는 예전부터 존재해 왔다. 20세기 초 미국에서는, 기성정당의 부패에 대항하는 시민운동으로부터 혁신주의라는 정치조류가 출현했다. 그 리더였던 로버트 라폴레트(Robert La Follette)(위스콘신 주 주지사, 상원의원 등을 역임)는, 민주주의의 문제를 해결하는 것은 보다 더 많은 민주주의(more democracy)라고 주창하여, 개혁을 진행해 갔다.

그러나, 양의 확대는 질의 향상과 병행되지 않으면, 오히려 다수의 전제라 불리는 민주주의의 병리를 초래한다. 정치참가의 양의 확대란, 보다 많은 시민이 스스로 이익이나 주권을 정치과정에서 표명하는 것이다. 이에 비하여 정치참가의 질의 향상이란, 참가자가 각각의 정치공동체의 과제에 대해서 넓은 시야로 생각하여, 자신의 이익이나 주장을 표명해가며, 타자의 권리나 이익에 대해서도 고려하여, 보다 많은 사람들이 합의할 수 있는 결론에 이르도록 의논하는 것이다. 요즘 말로 하자면, 숙의熟議라고 할 수 있겠다.

이미 말한 바와 같이, 1950년대부터 80년대까지 서구나 일본에서는, 정치참가는 노동조합, 기업단체, 농민단체 등의 단체를 단위로 했다. 단체를 기반으로 하는 대표자가 단체 멤버에 대한 이익분배의 정책목표를 쟁취하는 것으로, 사람들은 정치참가의 효과를 느껴왔다. 신문, 텔레비전 등의 전통적인 미디어만이 존재하던 시대에는, 정치과정에 관한 정보는 전부 공개되어 왔던 것은 아니었다. 단체를 단위로 하는 교섭의 결과, 부패와 종이 한 장 차이에 지나지 않는 뒷거래나 기득권이 생겨났으나, 그것은 일반 시민에게는 보이지 않았다. 일반 시민이 모든 것을 알 수 있었던 것은 아니라, 정책결정의 태반은 정치가, 관료, 단체지도자에 위임되었다. 다수파 시민이 이익을 향유하는 반면, 정치에 대해 수동적이었던 것이 민주주의시스템의 전제의 하나였다. 그럼에도 불구하고 정치에 대한 일정한 만족감을 가져온 것은, 풍요로운 생활의 지속 덕분이었다.

역설적인 이야기지만, 전후의 민주화는, 나라에 따라 시간차는 있으나, 안정적인 민주정치시스템의 전제조건을 손상시키는 결과를 가져왔다. 종래의 정치로부터 소외되어 왔던 소수민족, 여성, 이민자, 그 외 다른 소수자가 정치참가의 권리를 지니게 되어 스스로의 아이덴티티에 기반하여 정치행동을 하려 들자, 포괄정당을 지지해 왔던 것과 같은 사회적 균질성이 없어졌다. 종래 사회의 다수파였던 사람들, 예를 들면 미국에 있어서는 백인남성은, 정치적인 발언권에 대해, 그 후부터 정치참가를 원해 왔던 여성이나 흑인, 히스패닉계의 사람들 등에 따라잡힌 모양이 되었다. 사실 따라잡혔다고 하더라도 진정한 평등이 실현된 것이니, 이전에 권리를 지녀왔던 사람들이 반발하는 것은 사리에 어긋나는 것이다. 하지만, 백인 노동자 중에서는, 자신들의 정치적 소극성과 '뒤늦게 온 사람들'의 정치적 활발함의 차이가 커져감에 따라 자신들의 영향력이 상대적으로 저하되어 소외된 것과 같은 피해자 의식을 지니는 사람들도 나오기 시작했다. 서구에서는 이민노동자의 증가를 앞에 두고, 모든 민족, 종교, 성(전통적인 이성애자뿐 아니라 LGBT를 포함)에 동등한 권리를 인정하는 보편주의에 대한 반발이나 회의가 퍼져 갔다. 남성이 사회의 상부에 군림하고, 소수자는 가만가만히 쫓겨나있던 상태의 시대를, 질서가 있고 안정된 시대라고 여기는 잘못된 노스텔지어가 퍼져간 것이다.

여성이나 소수자의 권리를 부정하거나, 모독하거나 하는 발언을 공적인 장소에서 하는 것은, 1970년대 이후 선진국에서는 터부시되었다. 확신범적인 차별발언을 하는 정치가는, 공적세계로부터 추방되는 것이 상식이었다. (일본에서는 그러한 룰이 준수되었다고는 말하기 어려우나) 트럼프 대통령의 새로웠던 점은, 대통령후보 예비선거 때부터 차별발언을 반복해 왔고 그것이 화제가 되어 지지를 집결시키는 요인이 되었던 점이다. 또한, 차별에 더하여, 정치적인 적을 공격할 때에 허위와 날조된 정보의 사용이 잦아지게 되었다. 지도적 정치가는 거짓을 말해서는 안 된다는 규범도, 2010년대 후반에는 붕괴되었다. 이러하여 한층 민주화를 향한 역풍이 강해지는 가운데, 민주정치의 전제조건으로서 정확한 정보의 공유, 성실한 발언, 이성적인 토론 등의 태도가 위기에 빠지게 되고 있다.

정보혁명과 민주주의의 열화

민주주의에 있어서 언론의 자유와 공평한 언론공간은 불가결하다. 그러나 2010년대에 들어 많은 선진국에 있어서 언론공간은 황폐화되어 왔다. 그것을 촉진시킨 원인의 하나는 1990년대부터 급속히 발전되어 온 정보혁명, IT의 진화이다.

인터넷에 의해 커뮤니케이션이나 정보공유가 비약적으로 확대되기 시작했을 때 정보혁명은 민주주의를 촉진한다는 낙관론이 있었다. 정보전달의 코스트가 줄어들게 되고 인터넷상에서 의논이 가능해져, 운동이나 데모에 참여자를 모으는 것도 간단히 가능하게 되었다. 인터넷은 사람들의 의사를 집약하여 여론형성을 하는 새로운 무기가 된다. 민주주의를 지지하는 정치운동에 있어서 인터넷은 편리한 도구였다.

그러나 인터넷의 보급은 언론공간의 열화를 촉진시킨 것도 확실하다. 트럼프가 공공연하게 말하는 차별적 발언이나 허위정보 등은 그가 등장하기 한참 전부터 인터넷에는 넘쳐나고 있었다. 정보전달이나 언론공간에 대해 인터넷의 보급이 가져온 폐해를 검토해보면 민주화의 양면성과 비슷한 구도라 할 수 있다.

종래의 매스미디어에 있어서는, 거기에서 발언하는 기회를 얻는 것은 극히 소수, 언론 세계의 엘리트였다. 또한, 신문에 있어서의 교열, TV에 있어서의 고사考査라는 체크나 검증의 장치가 있어 인권침해나 허위의 유포를 피하기 위한 억제의 장치는 여러 겹 존재했다. 보수, 혁신의 입장은 달랐으나, 매스미디어의 발언에 대해서는 일정한 품질관리가 더해졌다.

여기에 비해 인터넷은 극도로 평등하여, 어느 의미로는 민주주의적인 언론공간을 제공한다. 지명도는, 인터넷에 있어서의 영향력에 반드시 필요한 것은 아니다. 그러나 인터넷상의 언론에 있어 검열이나 고사考査는 존재하지 않는다. 감정이 그대로 불특정 다수의 눈에 닿는 장소에 진열된다. 이러한 인터넷의 보급이 정치에 가져오는 충격에 대해 영국의 인터넷연구가 제이미 바트렛(Jamie Bartlett)이 정확히 정리하고 있다(『조종되는 민주주의』 쇼시샤, 2018년).

그는 심리학자의 연구를 인용하여, 인간의 행동을 관장하는 기본시스템에 2종류가 있다고 말하고 있다. 시스템1에서는, 사고는 빠르고 직감적이며 감정적으로, 시스템2에서는 사고는 느리고, 논리적이다. 감정에 대한 억제의 기능을 지닌 경우도 있다. 인터넷은 시스템1에 보다 가깝다. 인터넷에 정보수집을 의존하면 할수록 사려와 숙의는 소략疏略하게 된다. 또한, 인터넷이 사람들을 잇는 경우, '재부족화(Re-tribalization)'가 일어난다. 여기에서 말하는 부족이란, 주체적인 목적의식을 공유하여 관계를 구축하는 것이 아니라, 특정감정을 공유한 닫힌 연계이다. 특히, 부족을 결집하는 핵이 되는 것은, 불평의 의식이다. 세상에 대한 불평을 지닌 것은 정치에 대한 비판의 원동력이 되고, 정치참가의 동기가 된다. 그러나 불평이 스테레오타입적인 편견, 차별, 증오로 이어지면 재부족화는 사회를 분단시켜, 정치에 있어서의 커뮤니케이션을 곤란하게 만든다. 인지심리학에서는 인간에게 '확증 편향'이 있는 것이 명확히 밝혀지고 있다. 다시 말해서, 인간은 이미 본인이 인정하는 틀구조에 따라 정보를 이해하고, 같은 생각을 지닌 사람을 모아, 지금까지의 세계관과 양립하지 않는 정보는 피하려 하는 경향이 있다. 이 '확증 편향'에 따라 분단은 한층 축진된다고 바트렛은 지적하고 있다.

그러한 불평은, 전통적인 정치 엘리트나 각종 집단을 향해 쏟아지기 쉽다. 권력에 따라붙는 부패나 특권을 알게 되면, 사람들의 엘리트에 대한 경의는 저하되게 되며, 정치는 항상 비판의 대상이 된다. 또한, 종래의 엘리트를 비판하고, 정치과정으로의 직접적인 액세스를 지니지 않는 서민의 감각을 대표하는 리더를 향한 희구希求가 일어나는 것이 일반적인 현상이다. 그런 반면, 단체를 단위로 한 옛 방식의 정치참가는, 부패와 기득권을 조장하는 것으로 부정적인 평가를 받게 되고 있다. 이러한 현상은, 트럼프 대통령을 낳은 미국, EU 탈퇴을 선택한 영국, 국민전선의 르펜이 대통령선거 결선에 진출한 프랑스, 반이민세력이 약진하고 있는 독일, 오스트리아, 네덜란드, 북구 여러 국가에서 정도의 차이는 있으나, 포퓰리즘의 고양이라는 형태로 공통되게 나타나고 있다.

물론, 부패한 정치가에 대한 분노가 사람들에 퍼지는 것은 당연하다. 정책적인 우대를 얻고 있는 집단이 비판을 받는 데에도 이유가 있다. 그러나, 다방면의 의견을 듣고 타협을 한다는 정치가의 일 자체가 부정된다면, 정치라는 활동은 성립되지 않는다. 또한 노동, 사회보장·사회복지, 교육 등의 분야에 있어서 사람들의 권리는, 긴 세월에 걸친 운동의 성과로, 그것들을 기득권으로서 부정하는 것은, 무권리 상태로 흐르는 평등화를 가져온다. 예를 들면 정사원이나 공무원의 노동조건을 너무 대우를 잘 해준다며 부정한다면, 사회 전체에서 저임금, 장시간 노동이 당연하게 되어, 결국 일하는 사람 모두가 한층 더 고통을 겪게 될 것이다. 이 점은 이후에 신자유주의와 민주주의의 관련에서 다시 한번 검토하고 싶다.

세계의 민주주의는 이제는 스스로 낳은 민주화의 성과에 의해 고경苦境에 처해졌다. 그리고, 일본도 같은 상황에 놓여 있다. 본서에서는, 일본의 30년간 정치의 움직임에 근거하여, 일본의 민주주의를 위협하는 요인을 4가지로 정리하고 싶다.

첫 번째로, 입법부·행정부·사법부의 3권 중에서 행정부, 특히 행정부 중에서도 최고지도자(수상)에 권력이 집중되는 현상이다.

두 번째로, 야당의 위기와 이에 의한 정당 간 경쟁의 소멸이다.

세 번째로, 소위 신자유주의적 경제정책이 가져온 공공적 세계의 해체와, 그것이 가져온 민주주의의 침식이다.

네 번째로, 개인의 존엄의 부정과, 자유의 위기라는 풍조이다.

이하 각 장에서 각각의 테마에 의거하여, 일본의 민주주의의 현상을 분석하고자 한다.

제2장

집중하여
폭주하는 권력

이 장에서는 권력의 집중이라는 현상, 내지는 억제가 결여된 정치적 리더십이 어떻게 민주주의의 제도의 중심에서 생겨나, 민주주의 그 자체의 기반을 무너뜨리는지를 현대일본의 정치현상에 입각하여 고찰하고자 한다.

20세기 후반의 민주주의에서는 다양한 제도나 정책이 만들어지고 정착되었으나, 거기에는 많은 수익자가 존재하여, 정책의 전환은 정치적인 의미에서 용이하지 않았다. 그러나, 1990년대 이후, 일본에서는 온난화나 지구환경문제, 고령화나 인구감소에 수반되는 사회보장지출의 증가, 글로벌화 속에서 경제성장의 확보 등의 거대한 정책과제에 대응하기 위해, 종래의 정책을 전환할 필요에 쫓기게 되었다. 그러나, 종래의 정당이나 이익단체를 주역으로 하는 민주주의에서는, 적확한 정책을 결정할 수 없다는 비판이 확산되게 되었다. 1990년대에는 '결정할 수 있는 정치'가 필요하다는 목소리가 높아져, 정치와 행정의 제도개혁이 이뤄졌다. 그리고 정치적인 리더십의 강화가 꾀해졌다. 그러나 그 결과, 2000년대에 들어와 행정에 권력이 집중되어, 특히 수상의 권력이 극대화되는 모습으로 역으로 폐해가 나타나게 되었다.

이 문제는, 다수자의 지배라는 형식적 민주주의와, 권력의 폭주를 막기 위한 억제균형이라는 두 가지 원리의 모순의 발현이라고 할 수 있다. 물론, 보다 좋은 사회를 만들기 위해서 정부는 정책을 결정하고, 권력이나 예산을 사용하여 세상의 문제를 해결하지 않으면 안 된다. 그러나, 실제로 정책을 결정하는 것은 대표자 중 다수파이다. 대표자가 수의 우위를 이용하여 폭주하여, 자유나 권리를 침해하는 것은 200년 전부터 자유주의의 사상가들이 우려해 왔다. 정치의 기본적인 룰이나 기본적 인권의 체계 등은 민주정치의 토대이며, 그 시기의 다수파가 자신들의 당파적 이해를 위해서 마음대로 해서는 안 된다. 실효적인 정치와 권력으로의 억제의 밸런스가 무너진 것이, 민주주의의 위기를 가져온 것이다. 이것이, 이 장의 주제이다.

1. '결정할 수 있는 정치'의 추구 끝에

일본적인 억제균형시스템

전후 일본의 정치체제에는, 의도하여 설계된 것은 아니나, 몇 가지의 요소가 중첩되어 권력억제적인 요소가 삽입되었다고 할 수 있다. 그랬기에, 굳건하고도 강대한 권력이 출현하지 못하고, 정부권력에의 대항력이 정치체제에 존재했다.

첫 번째로, 자민당에 있어서의 다원성의 존재였다. 자민당은, 전전戰前의 정우회, 민주당 등의 계파를 묶는 복수의 보수정당이 1955년에 합동하여 만들어진 정당이다. 권력을 둘러싼 내부투쟁은 가열찼고, 총리, 총재의 자리를 노리는 유력정치가는 자신의 파벌을 만들었다. 당시의 중선거구제도에 있어서 자민당공인의 후보가 같은 선거구 내에서 여러 명이 싸우고 있었기에, 파벌은 선거의 필요에서도 강화되었다. 총리대신이 리더십을 발휘하여 중요정책을 추진할 때에도, 당내에서는 총리의 자리를 노리는 다른 파벌의 영수가 권력투쟁의 타이밍을 노리는 것이 상시상태였다. 따라서, 정부의 폭주에 대해서는, 여당 안에서부터 브레이크가 걸리게 되었다.

과거의 자민당에는, '진자 논리'가 존재했다. 개헌지향의 기시 노부스케岸信介로부터 고도경제성장의 이케다 하야토池田勇人로의 전환, 금권 정치의 다나카 가쿠에이田中角栄로부터 클린 정치인 미키 다케오三木武夫로의 전환 등, 시류와 국민의식의 변화를 받아들여 정권을 바꾸는 것이 자유민주당 정권의 장기화의 비결이었다. 이 진자를 흔든 것이 파벌 간의 권력투쟁이며, 각 파벌 간의 어느 정도의 정치이념의 차이였다. 파벌은 금권부패의 원흉이었으나, 권력투쟁은 독재 및 폭주에 대한 브레이크로서 기능하여, 자민당 정권에 시대의 변화에 대하여 유연한 적응을 가져오게 한 부산물이 되기도 했다.

두 번째로, 관료조직에 있어서의 할거주의였다. 메이지 이래, 일본의 관료제에 있어서의 종적행정, 전문분화가 강고하여, 성청 간의 경쟁과 대항이 이어졌다. 이 구조를 할거주의라고도 부른다. 일본의 관료조직에 있어서 각 성 대신은 행정권의 주체가 되고, 각 성이 독립된 왕국이었다. 정책입안에 있어 각 성은 강한 자립성을 지니고 있었다. 대장성, 재무성은 예산편성권을 지니고 있었으므로, 다른 관청 위에 군림하는 이미지도 있었다. 그러나, 예산배분의 성청별 비율은 안정적으로 계속되었다. 성의 테두리를 넘어서, 대장성, 재무성이 국익의 관점에서 예산배분을 대폭 변경했던 일은 거의 없었다. 경제성장의 시대에 재원이 늘어나던 시절에도, 차등 없이 동등하게 늘어났었고, 세출억제의 시절에도 최고한도액 방식이 채택되었다. 정책의 필요도와 관계없이 각 성의 예산의 증가율은 일률적으로 설정되고, 일률적으로 삭감되었다.

각 성의 관료는, 자민당의 정치가 중에서 자신들의 우방, 비호자를 육성했다. 그것이 족의원이었다. 자민당의 정무조사회의 부장은, 행정부의 종적행정에 병행하여 전문분화했다. 관료는 대응하는 부회의 유력한 의원과 밀접한 관계를 쌓았다. 관료는, 족의원으로부터 요구를 듣고 이익배분을 행하는 한편, 각 성이 추진하는 법안이나 사업에 대해 여당에 있어서의 응원단으로서 족의원을 이용했다. 이 관료·정치가 연합체가 다양한 분야의 정책에 있어서 기득권을 유지하는 거대한 힘을 지니기에 이르렀다. 각론이나 부분적인 이익의 주장이 자유로이 가능하다는 것은, 독선적으로 잘못된 '국익'의 폭주를 막기 위해서는 유익하였다. 이 체제는, 다양한 정책분야를 배려하고, 밸런스를 꾀하는 것으로 이어져, 권력의 억제라는 관점으로는 유의미했다.

또한 관료기구 중에서도, 내각법제국이 헌법해석에 대한 정부의 공식견해를 담당한 것도, 권력의 폭주를 막는다는 의미에서는 중요한 브레이크가 됐다. 자민당 정권은, 헌법9조 하에서도 '필요 최소한도의 자위력의 보유는 금지되어 있지 않다'는 해석하에, 자위대를 보유해 왔다. 이 노선은 해석개헌이라고도 불리나, 이 헌법해석은 자위력의 정비나 행사에 대해서, 실무상 엄격한 제약의 족쇄를 채웠다. 공격용의 장비의 보유나 집단적자위권의 행사는 헌법상 허락되지 않는다는 법제국의 견해는, 일본의 방위정책의 토대가 되었다. 법제국이라는 관료조직이 헌법의 유권해석을 독점적으로 행한 것이, 정부권력에 대한 대항력의 하나의 기둥이 된 것은 부정할 수 없다.

세 번째로, 국회에 있어서의 야당의 영향력이다. 55년 체제하에서 정권교체는 일어나지 않았으나, 국회에 있어서의 법안심의에 있어서 야당은 그 나름의 영향력을 지녔다. 과거의 자민당 정권에서는 '1국회 1법안'이라는 말이 있었다. 하나의 국회의 회기에서 성립시키는 중요한 법안은 하나만이라는 의미였다. 국회법에서 통상국회의 회기는 150일로써, 예산성립 이후 법안심의에 할당되는 시간은 그리 많지 않다. 또한, 일본의 국회는 원칙적으로 회기불계속으로, 회기 말에 성립되지 않은 법안은 폐안이 되어 다음 회기에서 처음부터 심의를 하지 않으면 안 된다. 이러한 제도를 이유로, 야당은 일정관리를 무기로 정부 여당에 저항하는 것이 가능했다. 또한, 야당에는 안전보장문제나 노동·사회보장분야를 중심으로, 논전이 장기인 정치가도 있었다. 그러하여, 자민당은 야당과의 대화를 중시하여, 법안에는 반대이나 채택에는 응하는 정도의 합의를 끌어내는 데에 유의하였다. 일당우위의 자민당 정권은, 국회에 있어서 야당의 주장을 어느 정도 듣는 것으로, 일당지배는 아닌 민주적인 정권운영을 행하는 이미지를 확보하려했다.

야당이 입법과정에 어느 정도 영향을 지니는 것이 가능했던 점은, 권력의 폭주에 대한 브레이크로서도 유의미한 것이었다. 특히, 헌법 9조와 안전보장정책에 관해서, 일본의 경제력이 향상되는 데에 따라 미국으로부터 일본에 대한 방위력 증강이나 미군과의 협력의 확대를 원하는 압력이 강해졌다. 그러나, 그러한 압력을 피하는 구실로써 자민당 정권도 야당의 저항력을 이용했다.

'결정할 수 있는 정치'를 위한 제도개혁

이러한 구조의 존재에 의해, 전후 일본정치에는 권력억제의 메커니즘이 포함되었다고 할 수 있다. 거기에는 사회 속의 다양한 집단이나 지역의 이해利害에 대해 정부의 정책형성에 있어서 어느 정도의 배려를 행하고, 특정한 주장이나 이해가 돌출되거나, 정부지도자의 권력이 비대화하는 것을 막는 결과를 가져왔다. 또한, 그것에 의해 사회의 다양성이 지켜졌다.

그러나, 그러한 밸런스중시의 정치시스템이 기능부전에 빠지고 있다는 인식이, 1980년대 말부터 급속히 확산되었다. 1980년대에는, 미일경제마찰이 심각화되어 시장개방, 투자의 자유화 등 미국이 들이미는 과제에 일본정부는 우왕좌왕하였다. 관료와 족의원의 연합체가, 국내의 이해관계자의 손실을 회피하기 위해 정책전환을 가로막아 서서, 미국정부와의 사이에서 일본정부가 딜레마에 빠진 구조였다. 지금으로부터 30년 전에는 쌀은 한 알이라도 수입하면 안 된다는 결의안이 국회에서 나오는 등, 정치가는 이익집단을 소중히 했다.

1990년대에 들어와서는, 글로벌경제의 본격화, 인구의 급속한 고령화, 소자녀화와 인구감소시대의 도래, 지구환경문제 등, 그 이전의 시대에는 없었던 거대한 정책과제가 나타났다. 재정구조나 생산·소비 활동 그 자체를 다시 볼 필요에 쫓긴 것이나, 종래의 정치시스템에서는 적절히 대응하지 못한다는 불만이, 보수·혁신, 경제계·노동계를 막론하고 퍼져 갔다. 이러하여 구래의 기득권의 구도를 타파하고, 강한 지도력을 지니고 정책전환을 진행할 수 있는 시스템의 구축을 바라는 여론이 강해졌다.

1990년대 전반에는, 정치개혁으로 중의원선거가 중선거구제로부터 소선거구 비례대표 병립제로 변했다. 선거제도를 중심으로 하는 정치제도의 개혁은, 일본의 정당을 정책적 기축과 응집성을 지닌 것으로 바꾸는 것과 동시에, 정당 간에 정권을 둘러싼 경쟁을 유발한다는 목적으로 행해졌다. 그때까지 중선거구제가 자민당 내의 파벌 간 경쟁을 촉진한 것에는 이미 언급한 바가 있다. 동시에, 정수 2 내지 6의 중선거구에서는 반드시 야당의원도 당선가능하여, 보수정당과 야당 사이에 공존이 가능하게 했다. 특히, 야당 제1당이었던 사회당이 그 혜택을 입었다. 이 구조는, 야당에 안락한 거주지를 제공하고, 정권을 둘러싼 정당 간의 경쟁을 저해했다. 이 폐해를 극복하기 위해서, 소선거구제가 도입되었다. 또한, 소규모의 야당에게도 존재의 여지를 확보해주기 위해서, 비례대표제도 도입되어졌다. 소선거구제에 있어서는, 당의 공인을 얻는 것이 후보자에게 사활문제가 되어, 공인권이나 자금의 배분의 권한을 지닌 당의 집행부가 강해질 것이 예상되었다.

1990년대 후반에는 하시모토 류타로橋本龍太郎정권하에서의 행정개혁으로서 중앙성청의 재편성과 내각기능의 강화, 수상의 리더십의 강화가 꾀해졌다. 이러한 개혁은 2000년대 초에 구체적인 제도로서 실행되었다. 성청재편은 종적주의의 폐해를 시정하기 위함으로, 수상의 지도력 강화 및 그것을 지탱하는 내각중추의 기구정비는, 성청의 테두리를 넘어 국익이나 공공이익을 추구하는 정책형성을 수상 주도로 행하는 것을 목적으로 했다. 내각관방과 내각부에, 수상의 톱다운형 리더십을 보좌하기 위한 스태프 기능이 정비되었다. 또한, 경제, 재정을 중심으로 하는 중요한 정책과제에 대해, 경제재정

자문회의나 남녀공동참획회의男女共同参画会議, 종합과학기술
회의 등 권위 있는 심의기관이 설치되었다.

또한, 행정부의 운영에 있어서 정치지도자의 통솔력을 강
화하기 위한 제도개혁도 행해졌다. 종래에는 각 성省에는 대
신大臣과 1,2명의 정무차관이 배치되었으나, 이러한 정치가
는 종종 장식품으로까지 불려져 왔다. 이런 정치가는, 관료
가 진행하는 정책형성을 이해하여 통제하는 힘을 지니지 못
했던 것이 통례였다. 대신大臣은 연공서열 높은 여당정치가의
명예의 증표로서, 1년마다 교체되었다. 국회의 법안심의에서
는, 관료가 정부위원이라는 명함을 달고 답변했고, 대신의 역
량은 부족했다. 2000년대 초엽에, 각 성에 있어서 정치임용의
포스트가 증원되어, 대신에 더하여, 복수의 부대신副大臣, 대
신정무관大臣政務官이 설치되었다. 또한, 국회 심의에서 대신,
부대신이 답변하는 것이 통례가 되었다. 더 나아가, 영국 국
회의 제도를 모방하여, 1999년에 당수토론도 시작되었다.

일련의 제도개혁은, 국민에 의해 선택된 정치가가 명실상
부하게 정권운영이나 정책결정의 주인공이 되어야 한다는 이
념을 추구하는 것으로서, '정치주도'형의 제도개혁을 목표로
했다. 새로운 정책과제에 답하기 위해서, 정당의 구심력을 높
여, 정부의 기능, 능력을 향상시키고, 더 나아가 정부지도자
의 권력을 강화하여, 유효성을 높여 책임의 소재를 명확히 하
겠다는 문제의식 자체는, 시대의 요청에 부응하는 것이었다.

국민의 의사를 정책형성에 의해 유효하게 반영시키는 것을 목적으로 하는 한, 그 자체는 한층 민주화를 추구하는 것이었다. 마크로의 정책과제에 응답하기 위해 유능한 정부를 만든다는 문제의식이 퍼졌던 것은, 그 이전의 자민당 정권에 정책능력이 없었기 때문이었다.

정보공개법의 제정이나 지방분권개혁도 행해졌다. 정보공개제도를 국가 레벨에서 만든 것으로 인해 관료조직에 대한 외부로부터의 체크가 용이하게 되었다. 또한 지방분권은 국내 정책에 대한 중앙정부의 권력을 지방자치체에 재분배하는 의미가 있었다. 이 개혁에는 지방자치체의 정책적 자유도를 높인다는 일정한 의의는 있었으나, 중앙지방관계는 기본적으로 유지되었다.

정보공개와 주민참가라는 이념은, 21세기에 들어서 중앙·지방을 통틀어 누구도 부정하지 않는 정치행정의 기본전제였다. 그러나 이러한 일련의 개혁에 있어 강한 권력에 대해 그것에 대항하는 유효한 책임추구의 메커니즘을 끼워 넣는다는 문제의식은 희박했다고 하지 않을 수 없다. 강화된 내각이나 여당에 대항하는 것은, 야당의 역할이 되었다. 그것은, 제도의 정비보다도, 야당의 노력이라는 현실적 레벨의 대응에 맡겨졌다.

고이즈미 정치가 무너뜨린 자민당

1990년대에 만들어진 권력 집중시스템을 처음으로 최대한으로 활용한 것은 고이즈미 준이치로小泉純一郎였다. 그는, 자민당을 긴 세월 지배해 왔던 다나카田中 - 다케시타파竹下派의 해체를 정치가로서의 테마로 잡았다.

2001년의 자민당 총재선거에 도전한 때에도, "자민당을 부수겠다"라 외치며, 하시모토 류타로를 압도했다. 그것은, 다케시타파의 유파에 속하는 우정, 공공사업, 농업 등의 족의원을 구축驅逐한다는 의미이기도 했다. 고이즈미는 총재선거의 당원투표에서 압도적인 지지를 얻어 승리했다. 그리고, 우정민영화라는, 1990년대에는 실현불가능하다고 생각되었던 지론을 실현시키려 정부, 자민당을 움직였다. 2005년의 통상국회에서, 참의원이 우정민영화 법안을 부결시키자, 그는 중의원을 해산하여 민영화법안에 반대한 자민당 중의원 의원을 당으로부터 추방한 뒤에, '자객'이라 불린 대립후보를 보내어, 압도적인 승리를 거두었다. 이것으로 민영화 반대 세력은 깨끗이 사라졌다.

이는 새로운 선거제도에 있어서 당집행부로의 권력집중을 가장 선명히 인상에 남긴 일이었다.

정당이 리더가 목표로 하는 정책을 공유하며, 그 실현을 위해 결속하여 행동으로 옮기는 모델을 정당 데모크라시의 하나의 규범형으로 생각한다면, 고이즈미가 쏘아 올린 새로운 정당정치의 모습은, 참으로 그 모델이었다 할 수 있다.

그리고, 그것은 90년대 이후의 제도개혁의 목표가 정당히 실현된 결과로 볼 수 있다. 고이즈미류의 신자유주의적 구조개혁에 반대하는 나와 같은 논자도, 국민에 의한 정책선택의 가부를 둘러싼 평가는 별개로 치더라도, 그 모델을 실현한 것의 의의는 인정하지 않을 수 없다. 어째서냐면, 일본의 사회경제시스템을 북구와 같은 사민주의모델으로 이행시키는 대개혁을 행할 때에도, 정당이 결속하여 기본정책을 추구하는 것이 필요하기 때문이다.

단지, 그것에는 중요한 전제조건이 있다. 첫 번째로, 정책에 관한 정보가 정확히 개시, 공유되어 자유로운 정책 논의의 기회가 확보되는 것이다. 두 번째는 강한 리더십에 의한 정책변경이 실체적인 자원배분레벨에서 행해져, 의회정치, 언론, 표현, 보도의 자유, 정치참가의 자유 등 민주정치의 토대를 만드는 기본적 원리에는 손을 대지 않는 것이다. 자유로운 언론과 민주정치의 룰이 존재하는 한, 자원배분을 둘러싼 정책에 대해서는 시행착오도 가능하고, 실패했다 하더라도 수정이 가능하다. 민주정치의 룰 자체를 무너뜨리면, 언론에 의해 정책을 변경하는 것은 불가능하게 된다.

고이즈미 정치는 이 두 가지 전제조건으로부터 일탈하기 시작했다. 우정민영화라는 정책의 의의에 대해서, 고이즈미는 '구조개혁의 1번지'라고 외칠 뿐, 논리적, 체계적인 설명은 하지 않았다. 민주정치에 있어서 언어의 붕괴는, 고이즈미정권에서부터 시작되었다. 그러나 정권을 비판하는 측이 위축하거나, 자주 규제하거나 하는 세태는 지금 정도로 퍼져 있지는 않았다.

고이즈미정권에서의 보도報道는, 아베시대에 비하면 아직 건전한 상태였다. 정권의 말기에, 작은정부 노선의 폐해로 격차나 빈곤이 확대되기 시작하자, 미디어도 그러한 점을 거론하여, 여론에 큰 영향을 끼쳤다. NHK는, 워킹 푸어에 관한 특집프로를 방영하여 충격을 끼쳤다. 또한, 당시의 최대야당 민주당도, 우정민영화선거에서 대패하였으나, 2006년 이후로 오자와 이치로小沢一郎 대표 밑에서 구조개혁노선에 대항하는 정권구상을 내세우며 싸웠다. 그리고 이는, 2007년 참의원선거, 2009년 중의원선거에서의 승리로 이어졌다. 정치에 있어서 진자는 건전히 기능을 하고 있었다.

2. 정치가의 과잉, 관료의 촌탁忖度

(윗선의 마음을 미루어서 헤아림. 옮긴이)

여기까지 말한 것과 같이, 1990년대부터 2000년대에 걸친 '정치주도'형의 제도개혁은, 삼권 중 행정부에 대한 권력의 집중을 가져오게 되어 행정부 내의 수상의 권력을 강화하였다. 그러나, 과거의 관료지배를 부정하는 나머지 정치가의 지도력을 금과옥조로 하는 것은, 민주주의에 불가결한 권력의 억제를 위협한다. 애당초, 관료가 나쁘고 정치가가 정의라는 단순한 이원론은 잘못되었다. 양자는 다른 역할을 지니고, 그 두 종류의 특성을 적절히 조합하는 것이 유효한 정책형성에 필요하다.

특히 2012년 12월부터 시작된 제2차 아베정권하에서 정치와 행정의 밸런스가 무너져, 정치의 절대화가 진행되고 있다. 그 현상을 파악하기 위해 미국의 정치학자 아버바흐

(Aberbach), 퍼트넘(Putnam), 록맨(Rockman)이 정치가와 관료
의 바람직한 역할에 대해 제시한 다음의 세 가지 모델을 언
급해보고자 한다(Joel Aberbach, Robert D. Putnam, Bert Rockman.
Bureaucrats and Politicians in Western Democracies, Harvard University
Press, 1981).

① 결정 - 실행 모델

정치가가 정책을 결정하고, 관료가 이것을 실행한다. 민주
주의, 국민주권하에서는, 국민으로부터 직접 선택된 정치가
가 결정의 책임을 지는 것은 당연시된다. 관료는 정치의 종복
으로서, 그것을 실행하는 역할을 맡아야 한다는 뜻이다.

② 가치 - 사실 모델

정치의 세계는 이데올로기 내지는 정책체계를 이끄는 기
본적인 이념, 가치관을 둘러싼 싸움이다. 정부의 지도자는 그
싸움을 이겨내고, 국민이 지지한 가치관을 바탕으로 정책 방
향을 정한다. 관료는, 사실을 바탕으로 정책의 구체적인 입
안, 구축을 행한다.

③ 에너지 모델

관료는, 제도의 계속성이나 안정성을 중시하여, 지금까지
의 구조를 지금부터 일어나는 문제에도 적용시키려 한다. 그

것이 균형의 원리이다. 그러나, 환경변화가 심한 때에는, 종래의 정책, 제도의 적용범위를 넘어서는 문제가 발생한다. 정치가의 일은 기존의 조직을 타파·전환하여, 변화를 일으키는 것이다.

이러한 세 가지 모델에 대해, 양호한 밸런스를 확보하기 위한 단순한 공식은 존재하지 않는다. 구체적인 정책입안·결정을 할 때마다 정치가, 관료가 각각 발휘해야 하는 요소의 밸런스를 검토 할 수밖에 없다. 현대일본에 있어서의 정치가와 관료의 관계에 관한 문제를 세 가지 모델에 입각하여 정리하면, 다음과 같다.

① 정치적 결정의 과잉

민주주의의 체제에 있어서, 국민으로부터 권력을 위탁받은 정치지도자가 최종적인 결정의 책임을 짊어진다는 데에는 누구나 이론의 여지는 없을 것이다. 그러나, 행정의 공평성을 유지하고, 당파적 이해에 의한 법질서의 파탄을 막기 위해서, 정치적 결정이 발을 뻗지 못하는 영역이 존재한다. 아베정치의 가장 큰 문제는 그 영역을 넘어서, 당파적인 동기 과잉으로 결정하는 것이다.

예를 들면, 국유지의 매각은 입찰에 의해 엄정히 행해야 할 것이나, 수상과 친한 인물이 경영하는 학교법인에 법을 벗어나는 매각가 할인 후, 수의계약으로 양도되었다. 수상이 국회답변으로 자신이나 아내가 매각에 관여되어 있다면 정치가를 그만두겠다고 발언한 것을 받들어, 재무성의 담당부서에서는 수상부인이 관여하고 있는 것을 기록한 공문서가 사후적으로 위조되었다. 그리고, 이 사무처리를 담당하고 있던 직원 한 사람이 자살했다. 또한, 대학학부의 설치는 전문가에 의한 엄격한 심사를 거쳐 결정해야 하나, 수상과 친한 인물이 경영하는 학교법인의 신청이 초특급으로 처리되어, 인가되었다. 이것이 모리토모·가케학원 문제의 본질이다. 정치가에 의한 부당한 개입을 정당화하기 위해서 행정직원이 희생된 것이다.

아베정권의 장기화 중에, 정권 측의 정치가·관료나 언론인은 위법의 의심이 짙은 행위를 저지르고도 형사적인 책임을 추궁받지 않는 사례가 이어졌다.

아마리 아키라甘利明 전 경제산업대신이 업자로부터 자금을 받아, 그 업자을 위하여 UR(독립행정법인 도시재생기구)에 알선을 한 일이 명백해졌음에도 형사소추를 받지 않았다. 공문서 위조를 간과한 재무성의 간부도, 형사책임을 추궁 받지 않고 있다. 아베 수상과 친밀하여 수상을 칭찬하는 책을 쓴 TBS의 전 기자가 여성을 만취 시켜 동의하지 않는 성행위를 한 혐의로 소관 경찰서가 체포장을 발부했을 때도, 경찰청 상층부로부터 체포를 미루라는 압력을 가한 사건도 있었다.

아베 수상이 직접 지시해서 결정을 왜곡시켰는지는 알 수 없다. 그러나 실무를 담당하는 관료에 촌탁이 행해져, 이것이 명백하게 되었음에도 결정을 철회하지 않은 것은 정치권력자가 사실상 결정한 것이라는 것을 의미한다. 이와 같이, 본래 전문성이나 법치 아래의 평등, 법적 안정성을 존중해야 하는 행정고유의 영역에 정치력이 침입하는 것으로 법적 공정성 및 공평성이 파괴되었다.

② 이데올로기에 의한 사실의 무시

정치가는 각자의 이상理想 내지는 이념을 지니지 않으면 존재 이유가 없다. 이념을 체계적으로 사람에게 호소한다는 의미에서의 이데올로기는 정치가나 정당에 있어 불가결하다. 그러나, 당위적 이상·이념과 냉엄한 현실을 구별하는 것은, 유효한 정책결정을 위해서 필요한 전제이다. 정책결정을 의료에 비유한다면, 적절한 정책입안은 사회문제=병에 대해서 객관적인 인과관계의 발견에 기초하여, 병의 원인을 제거하기 위한 적절한 처치, 투약을 행하는 것이다. 이것을 에비던스 베이스드(Evidence-based)의 해결법이라 부른다. 이데올로기 과잉의 정치가는 라쿠고落語(만담)에 나오는 돌팔이 의사와 같이, 주관적인 확신을 담아 인과관계를 그려가며 원인과는 무관계한 치료를 하기 십상이다. 에비던스 베이스드의 문제해결이 이데올로기에 의해 왜곡되고 있는 병리가 지금의 일본에서 실제로 일어나고 있는 것이다.

아베정권의 간판정책인 아베노믹스가 그 전형이다. 일본
은행에 의한 차원을 달리하는 금융완화는 엔저로 이어져, 수
출기업에 이익을 가져왔으나, 부는 그곳에만 집중되어 있다.
임금 상승, 그것에 수반하는 소비의 증가, 더 나아가 그것이
가져오는 물가의 상승이라는 금융완화의 목적은 전혀 달성되
지 않았다. 그러나, 일본은행은 금융완화정책의 실패를 완고
하게 인정하려 하지 않는다.

2019년에 드러났던 후생노동성의 통계위조도, 이데올로
기에 의한 사실의 제압의 예로 들 수 있다. 정부의 중추에서
데이터의 위조를 지시한지 어떤지는 불분명하나, 아베노믹
스의 효과를 증명할 수 있는 데이터가 필요하다는 '문제의식'
이 경제관청의 담당자 중에 있었고, 추출조사의 처리를 조작
하는 것에 의해 실질임금이 증가하고 있다는 조사가 이끌어
내졌다.

교육의 세계에서도 증거를 무시한, 확신에 의한 정책 밀어
붙임이 현장을 혼란시키고 있다. 제5장에서 거론할 도덕교육
은 그 예이다. 현재의 아이들의 도덕심이 저하되고 있는지 어
떤지는 반드시 명확한 것은 아니다. 경찰청의 통계에 의하면,
소년범죄의 건수는 전후 일관되게 감소해 왔다. 더 나아가,
문부과학성이 만든 도덕이라는 교과의 교육이 아이들의 도덕
심의 향상을 가져오는지 어떤지는 불분명하다. 효과는 의문
시되어도, 정치가가 머릿속에 그리고 있는 미덕을 퍼뜨리기

위해서 도덕교육이 행해지고 있는 것이다.

정치가는 자신의 체면이나 이데올로기를 내세워서, 효과 불명의 정책을 내세우고, 관료는 정치가의 의향을 촌탁하여 효과가 의심스러운 정책을 추진한다. 이것이 현재의 정치가 와 관료의 역할관계이다.

③ 인기를 취하기 위한 정치적 다동증政治的多動症

정치가는 에너지를 발휘하여, 시대착오적인 정책이나 조 직을 타파하고, 전환하는 것이 요구된다. 그러나 변혁을 인 기를 위해 팔 것으로 여기는 정치가는, 인기를 얻으려 한 나 머지, 바꾸지 않아도 좋은 제도를 자기목적적으로 바꾸려고 한다.

이 점은 교육제도의 세계에서 종종 보이는 병리이다. 일본 인은 영어가 약점이라는 '상식'이 있어, 그것을 극복하기 위해 서 유아기부터 영어교육을 시작해야 한다는 '여론'이 높아졌 다. 이 분위기에 따라, 초등학교부터 영어가 정규 수업으로 도입되었다. 또한, 대학입시의 영어시험에 있어서는, 읽고, 쓰는 것에 더하여 듣고, 말하는 능력도 필요하다는 여론이 높 아져, 센터시험(우리나라의 수능시험에 해당. 옮긴이)의 영어 대신 영어검정(일본영어검정협회에서 주관하는 실용영어기능검정. 옮긴 이)이나 토플 등의 민간 영어능력시험을 활용하는 것이 결정 되었다. 이러한 점에 대해서, 영어교육이나 입시 전문가들로부터, 대도시 부유층의 자녀는 몇 번이든 응시할 수 있는 데에 비해 시험회장이 적은 지방의 생도들은 수험기회가 한정되어 있는 점이나 다른 시험의 성적을 환산하는 방법이 자의적인 점인 등, 다양한 의문이 표해지고 있다. 특정 회사의 검정시험을 고교에 판매하여 입시개혁을 비즈니스 찬스로 삼으려고 한다는 보도도 있다. 일부 유력국립대학은, 수험생의 공평의 관점으로부터 민간영어시험의 성적을 입시에 채용하지 않기로 결정하였다.

아베정권의 특질은, 입법사실이 없는데도 불구하고 중요 법안을 입안하고, 야당이나 여론의 반대를 무시하고 무리하게 성립시키는 점에 있다. 입법사실이란, 새로운 법률을 만들지 않으면 대처할 수 없는 문제, 과제이다. 입법사실의 결여의 대표적인 예는 2015년의 안보법제였다. 집단적자위권을 행사하지 않으면 일본의 안전을 지킬 수 없다는 새로운 현실은 존재하지 않는데도 불구하고, 헌법위반이라는 비판을 무시하며 안보법제를 성립시켰다. 2017년의 공모죄에 대해서도 같은 모양으로, 정부는 2020년의 도쿄올림픽까지 가져와서, 테러대책이라 칭하며 공모죄를 입안시켰으나, 기존의 법령으로 대처할 수 없는 새로운 사실은 설명되지 않았다.

말하자면, 입시나 영어교육이라는 국가적 관심이 높은 테마에 대해서, 내지는 국민의 안전보장에 대한 막연한 불안에 편승하여, 정부가 '하고 있는 듯한 모습'을 호소하기 위해, 제도를 변경하는 것이 반복되고 있는 것이다.

일그러진 정치주도

　본래의 정치주도는, 정치지도자와 관료가 각각의 역할, 특성을 이해한 다음, 협력관계를 구축하는 것이다. 아베정권에서 이 밸런스가 무너진 것은, 관료에 있어 가장 중대한 인사등용의 구조를 정치적으로 일그러뜨린 데에 원인이 있다. 예를 들면, 후루사토 납세(고향납세) 제도는 과세의 공평성을 흔드는 결점을 동반하는 제도이나, 스가 요시히데 관방장관이 총무대신시대에 시작했던 점에서 스가의 마음에 든 정책이다. 총무성의 차관후보 넘버원이라 불리는 관료가 이 제도의 문제점을 솔직히 비판하여, 스가의 역린을 건드려 차관승진 눈앞에서 좌천되는 사례가 있었다(『마이니치 신문』 2017년 6월 3일 등). 이 경우, 관료는 앞에서 거론했던 ③의 모델대로, 제도의 공평성의 관점으로부터 후루사토 납세(고향납세)의 결점을 지적한 데에 지나지 않는다. 여기에 대하여, 정치가 측은 잘못된 방향으로 에너지를 발휘하여, 합리적인 이론을 주창하는 관료를 추방하는 모습을 보였다.

　정권의 마음에 들지 않으면 출세할 수 없다는 분위기가 펴져 가는 가운데, 관료는 정권중추의 정치가의 사병이 되어 버렸다. 간부공무원의 승진에 대해서 각각의 관료조직의 내부에서 결정하는 것을 피하기 위해 도입된 내각인사국제도는, 2008년의 통상국회에서 당시의 여당 자민, 공명 양당과 야당 민주당의 찬성에 의해 법률화되었다. 국민에 선택된 정치적 지도자가 행정조직의 간부인사를 장악한다는 발상 자체는, 틀렸다고 할 수 없다. 문제는, 정권의 장기화 중에 여당정치가가 독선적인 권력핵을 형성하여, 거기에서 인사를 결정하는 점이다. 인사정책의 결정과정에 관한 보도공개, 제3자에 의한 검토 등 제도개혁을 더하지 않으면 안 된다.

3. 열화되는 리더십

강권적 리더가 계속 내보이는 탈脫진실

2010년대 세계에서는 종래의 민주주의의 룰을 무시하고, 적극적으로 권력의 폭주를 밀어붙이는 리더가 계속하여 출현하여, 폭주하는 리더의 속출이 지금은 세계적인 문제가 되었다. 그 문맥에서, 아베정치를 국제적으로 비교해 보면 어떤 위치에 놓을 수 있을지에 대해서, 몇 가지의 의논이 있다. 유럽의 포퓰리즘을 연구하고 있는 이반 크라스테프(Ivan Krastev)는 아사히신문의 인터뷰에서 다음과 같이 말했다.

"일본과 구舊 동구권은 다릅니다. 1당이 정권을 길게 잡고 있었다고는 하나, 일본에서는 자유민주주의가 기능하고 있고, 집단의식에 지탱되고 있는 체크 앤 밸런스가 기능하고 있습니다. 헝가리의 오르반 수상과 아베 신조 수상에게는 공통점이 있습니다만, 동류로 취급하는 것은 잘못입니다."(아사히

신문 2019년 3월 20일 조간)

한편, 트럼프 대통령의 과거 브레인으로, 말하자면 반칙플레이에 의한 권력탈취를 떠받쳤던 스티브 배넌(Stephen Bannon)은 2019년 3월 8일, 자민당본부에서 같은 당의 외교부회外交部會의 회의에서 강연했을 때, 아베정권에 대해 다음과 같이 말했다.

"세계에 퍼져 가는 포퓰리스트나 내셔널리스트의 풀뿌리 운동에 있어서, 아베 수상은 위대한 히어로다. 트럼프나, '브라질의 트럼프'라 불리는 보우소나루보다도 먼저 아베 수상은 선진국의 키잡이를 하고 있는 첫 내셔널리스트다. 트럼프가 트럼프이기 이전부터 아베 수상이 트럼프였다고 할 수 있다."(아사히신문 웹판 2019년 3월 8일) 아베정치의 특성은, 동류의 정치가를 지지했던 배넌 쪽이 정확히 파악하고 있다. 아베 수상이 스타트를 끊고, 트럼프 대통령이 전개한 리더십의 열화는 다음과 같이 정리되어 있다.

첫 번째 특질은, 자신의 생각에 이상할 정도로 집착하는 인물이 권력자가 되어, 자기를 객관시하는 일 없이 좋을 대로 일을 하는 것이다. 인간은 누구든지 어린 시절부터 자기애를 지니고 있다. 단지, 성장의 과정에서 부모나 선생님으로부터 주의받는 등으로 자신의 결점을 인식하여, 자기를 상대적으로 파악하는 능력을 몸에 지니게 된다. 그와 같은 능력이 결여된 인물이 권력자가 되면, 다양한 문제가 발생한다. 특히 큰 문제는, 다른 의견에 대한 토론, 대화를 인정하지 않는 것이다. 자기애 과잉의 정치가는 자신의 주관을 절대화하여, 다른 사람에게 밀어붙인다. 예산위원회에서 자기 자리로부터 야당의원에 야유를 퍼부으면서 자신의 답변 중에는 야당의원에 조용히 하라고 하는 아베 수상의 발언, 자신의 대통령 취임식에 모인 관중이 적었다는 매스미디어 보도가 거짓이라고 주장하거나, 2016년 미국 대통령선거 때 일반투표에서도 부정 투표를 제외하면 자신이 힐러리 클린턴에 승리했다고 주장하고 있는 트럼프 대통령의 발언은 그 전형적인 예이다.

두 번째 특질은, 그 뒷면에 있는 '적'에 대해서 철저히 때려 눕히려 하는 것이다. 근대사회에 있어서는, 매스미디어와 학자, 지식인이 권력의 잘못이나 폭주를 비판하는 사회적 역할을 담당하고 있다. 그렇기에, 자기애 과잉의 정치가는 종종 비판적인 매스미디어와 지식인을 공격한다.

세 번째 특질은, 적으로 인식한 자를 공격할 때에, 거짓, 허위, 날조 등 다양한 수단을 사용하는 것이다. 트럼프의 발언 중에, 정적을 공격하기 위한 다양한 거짓이 포함되어 있는 것은 잘 알려져 있다. 아베 수상의 경우에도, 도쿄올림픽 유치를 위한 연설 중에, 후쿠시마 제1원자력발전소의 현상황에 대해서, 방사성물질에 오염된 물은 쌓이기만 할 뿐 처분의 방법은 확립되어 있지 않음에도 불구하고, 통제되고 있다(Under Control)라고 발언했다. 또한, 헌법9조를 개헌하여 자위대의

존재를 명기하는 이유로, 자위관인 아버지를 향해 자식이,
"헌법위반이야?"라고 이야기하였기에 그러한 의문스러움을
일소一掃하기 위함이라고 설명했으나, 자위관의 자식의 발언
이라는 이야기의 출처도 건너서 들은 애매한 이야기에 불과
했다.

이 세 가지의 특질은 상호관계가 있다. 자기중심주의자이
기에 비판자를 공격하며, 자신은 항상 올바르다고 믿고 있기
에 비판자를 공격할 때에 거짓에 대해서도 태연한 것이다. 이
와 같이 열화된 지도자가 권력을 행사하는 시대는, 탈진실
(Post-Truth)의 시대라고도 불리고 있다. 옥스퍼드 영어사전은,
탈진실(Post-Truth)을 다음과 같이 정의하고 있다.

"'여론을 형성할 때에, 객관적인 사실보다도, 오히려 감정
이나 개인적 신조에 어필하는 편이 보다 영향력이 있는 것과
같은 상태'에 대해 언급하거나 내보이거나 하는 형용사"(히비
요시타카 역譯)

지도자의 열화는, 정치가가 돌연히 변이를 일으키는 것
이 아니라, 사회 측의 변화의 반영이다. 히비는, 탈진실(Post-
Truth)의 구성요소로서, ①소셜 미디어의 영향, ②사실의 경
시, ③감정의 우월, ④분단의 감각 4가지를 거론하고 있다(쓰
다 다이스케津田大介, 히비 요시타카日比嘉高, 『탈진실(Post-Truth)의 시
대』, 쇼덴샤, 2017).

교열校閱이나 고사考査가 행해졌던 신문이나 티비 뉴스와

는 다르게, 소셜 미디어상의 정보는 옥석이 뒤섞여 있다. 정보원情報源으로 소셜 미디어에 의존하는 정도가 높으면 높을수록, 진위불명의 정보에 휩쓸리는 것이 일상화된다. 여기에서부터 정보의 진위에 구애받지 않는 태도가 퍼져 가게 된다. 사실의 경시는 그와 같은 태도의 발현이다. 또한, 히비는 지구온난화 부정론과 같은 반과학적인 자세가 퍼져 가는 것도 사실경시의 원인이라고 지적하고 있다. 정보가 넘치면 객관적인 인식을 행하는 노력이 필요하게 되며, 주관과 객관의 구별도 귀찮게 여기게 된다. 감정의 우월이란 보고 싶은 것만을 보고 믿고, 싶은 것을 진실과 동렬시하는 것이다. 더 나아가, 인터넷의 보급이 닫힌 소우주를 만들어, 사회를 분단하고 있다는 지적은, 이전 장에서도 언급했었다.

이와 같은 열화된 지도자는 사회의 어느 일정 부분으로부터 강고하게 지지받고 있다. 그 탓에, 지도자 개인을 비판하더라도, 리더십의 열화는 해결되지 않는다. 탈진실(Post-Truth)의 상황을 극복하는 것이, 건전한 리더십을 회복하기 위해 필요하나, 이에 대해서는 마지막 장에서 다시금 생각하고자 한다.

권력의 사물화와 가산제家産制 국가

리더십의 열화는, 권력의 사물화를 가져온다. 특히, 그것

은 아베정권하에서의 일본에서 현저하였다. 이 문제는, 근대
적인 법의 지배로부터 전근대적인 가산제家産制 국가로의 역
행이라 표현할 수 있다.

　법의 지배란, 지배자가 권력을 행사할 때에는 항상 법의
근거에 기초하지 않으면 안 된다는 원리이다. 징세, 형사 사
법 등 인권을 제약하는 권력행사에 있어서, 특히 이 원리는
중요하다. 전근대적 국가에 있어서 국왕의 자의적 변덕으로
재산을 몰수당하거나 투옥되는 등의 경험을 거쳐, 시민이 권
력자에 대해, 인권을 지키기 위해서는 법에 기초한 통치가 필
요하다고 요구하게 된 것으로부터 근대국가는 탄생하였다.
여기에 비하여 가산제家産制란, 문자 그대로 권력자의 사적재
물과 국가의 공공물의 구별이 존재하지 않고, 권력자의 사적
인 목적을 위해 국가의 재물을 소비하거나, 권력을 행사하거
나 할 수 있는 체제이다.

　국유지를 거저나 다름없이 수상의 지인에게 양도하고, 사
인私人인 것이 틀림없는 수상부인을 위해서 공무원 몇 명이,
사적활동도 포함하여 시중을 드는 사람이 된 사실을 보면, 아
베정권하에서의 일본은, 가산제 국가의 징후가 보이고 있는
것을 알 수 있다.

　또한, 근대국가에서의 정부지도자와 관료의 관계는 법에
기초한 지휘명령관계인데 비하여, 가산제 국가에 있어서는
권력자와 관료의 사이에는 신분적 예속관계가 있다. 근대적

인 법의 지배하에서는 관료는 법적 근거 없이 위정자의 지시에 따르면 안 된다. 여기에 비하여, 가산제 국가에서는, 가신은 법에 기초하여 일을 하는 것이 아니라, 주군의 사적 이해利害나 감정을 포함한 명령에 복종한다. 주군이 '흰 것을 검다'고 말하면, 가신도 흰 것을 검다고 말한다.

아베 수상이 결백한 것을 증명하기 위해서 공문서가 위조되고, 관료는 국회에서 거짓답변을 한다. 아베 수상의 경우, 관료에 대해 명시적으로 부패의 증거를 인멸하라고 지시를 했는지 어떤지는 알 수 없으나, 명시적인 지시가 없었어도, 우수한 가신은 주군의 심정을 짐작하고 먼저 주군이 해줬으면 하는 것을 행한다. 모리토모학원에 대한 국유지의 염가판매에 대해 국회에서 여러 번 허위의 답변을 행한 사가와 노부히사佐川宣寿 재무성 이재국장(당시)를 보면, 이것이야말로 권력자에게 신분적으로 종속되어 있는 가신이라는 것이 실감된다. 이것이 현재의 일본의 관료제이다.

부조리극화된 국회

아베정치에 있어서의 언어의 무의미화에 대해서는 많은 비판이 있다. 그러나, 병리는 심각해질 뿐이다. 2018년 5월 14일의 중의원 예산 의원회에서 국민민주당의 다마키 유이치로

玉木雄一郎 공동대표가 다음과 같은 중요한 질문을 하였다. 아베 수상은 '미일美日은 백 퍼센트 일체'라 강조하였으나, 북미 정상회담에 있어서 북한이 ICBM(대륙간 탄도 미사일)급의 미사일 폐기를 약속하면 미국은 본토에 대한 위협이 없어졌다 하여 만족하고, 교섭성립을 이야기할 가능성이 있다. 그러나, 중근거리 미사일이 남아 있으면 일본에 있어 위협은 지속된다. 이 점에 대해서 수상은 어떻게 생각하는가. 다마키의 질문 도중에 아소 다로麻生太郎 부총리는 야유를 던졌고, 의원들은 시끄러워졌다. 그 혼란 중에 제한시간은 종료되어, 다마키의 질문에 아베 수상은 답하지 않은 채 끝났다.

날카롭게 찌르는 질문에 대해 야유를 던지며 유야무야 넘기는 것은, 의회정치의 파탄이다. 이러한 어리석고 못난 인물을 부총리로 두는 아베 내각은, 국회를 학급붕괴상태로 전락시킨 원흉이다.

현행 헌법하에서는, 야당의원의 질문이나 미디어에 있어 정권 비판의 언론을 정부가 힘을 다해 탄압하는 것은 불가능하다. 일부러 힘을 보이지 않더라도, 상대를 바보로 만들며, 묻는 말에 대답을 하지 않은 채, 말의 의미를 붕괴시키며 의논을 불가능하게 하면, 비판하는 측은 그러는 중에 지쳐가며, 비판을 그만둘지 모른다. 그것이야말로 정부 여당의 노림수일 것이다. 이것은 아베정권이 발명한 21세기형의 언론탄압이라고도 할 수 있다. 실제로, 2016년 여름에 당시의 민진당의 오카다 가쓰야岡田克也가 대표에서 물러났을 때, 위로의 회합을 가지며 퇴임의 이유를 듣자, "아베 씨를 상대로 의논을 하는 것이 정말 싫어졌다."라 소회를 들은 적이 있다. 정치의 현상을 보고 있으면, 나는 1950년대에 붐이 되었던 베켓이나 이오네스코 등에 의한 부조리극의 한복판에 던져진 것처럼 느낀다. 부조리극 속에서, 등장인물의 대사는 서로 통하지 않고, 말로부터의 의미를 잃고 있다. 아베 수상의 모리토모·가케학원 의혹에 대해서 악폐를 도려내겠다는 발언, 성희롱은 죄가 아니라는 아소 다로 부총리의 발언, '기억하는 한'이라는 말을 가져오면 어떤 거짓을 말해도 상관없다고 말하고 있는 야나세 다다오柳瀨唯夫의 전 총리비서관의 발언. 어느 것이든 부조리극 속의 대사나 다름없다. 국민들도 부조리에 대해서 분노하기보다도, 그것에 익숙해져 있는 모습이 떠오른다. 모리토모·가케학원 의혹이 추궁된 직후의 2018년 5월에 행해진 몇몇 여론조사에서는 내각지지율은 오히려 약간 상승하였다. 의혹에 대해서, 사람들이 정부의 설명에 납득하고 있는 것은 아니며, 아베정권이 가장 중요법안으로 삼고 있는 일하는 방법 개혁 관련법안에 대해서도 지지가 큰 것은 아니다. 예를 들면, 아사히신문의 2018년 5월 조사에서는, 아베 수상이나 야나세 다다오 전 비서관의 해명으로 가케학원 문제의 의혹이 해결되었는지에 대한 물음에 대해서, '의혹이 해결되지 않았다.'가 83%, '의혹이 해결되었다.'가 6%, 모리토모학원

이나 가케학원을 둘러싼 의혹해명에, 아베정권이 '적절히 대
응하지 않았다.'고 답한 것은 75%, '적절히 대응했다.'는 13%
였다. 또한, 일하는 방법 개혁 법안은, '지금의 국회에서 성립
시켜야 한다.'는 19%, '그럴 필요는 없다.'는 60%였다. 국민은
권력자의 부패나 의미불명의 정책에 대해서는 비판적이나,
그것이 정권으로의 불신임에는 이어지지 않는 상태가 이어지
고 있다.

4. 잃어버린 민주주의의 가드레일

적혀있지 않은 룰과 민주주의

일본이나 미국에서 진행되는 권력의 집중과 폭주는, 쿠데타가 아니라, 정당의 지도자가 선거에서 승리하여, 합법적으로 권력을 장악하는 것으로 일어났다. 말하자면, 민주주의의 룰을 통한 강권정치이다. 여기에서 다시금, 민주주의란 무엇인가를 생각할 필요가 있다. 권력을 구성하는 측면에 있어서의 민주주의는, 국민이 대표자를 뽑고, 다수결원리에 따라서, 다수를 점하는 승자에 권력을 수탁하는 것을 의미한다. 선거에서 이긴 대통령, 선거에서 다수당이 된 정당의 당수가 권력을 쥐는 것은 민주주의의 결과이다. 그러나, 민주주의는 권력을 구성하는 원리에 머물지 않는다. 애당초 권력의 구성에 국민의 의사를 반영시키는 것은, 국민이 지니고 있는 자유로운 권리를 옹호하기 위함이다. 그렇기에, 권력을 행사하는 측면에서도 민주주의는 필요하다.

영국의 문학자 포스터(E. M. Forster)는, 「나의 신조」라는 에세이에서 민주주의에 대해 다음과 같이 썼다.

"민주주의에는 두 번 만세를 부르자. 첫 번째는, 다양성을 허락하는 것에, 두 번째는 비판을 허락하는 것에"(『포스터 평론집』이와나미문고)

이 말에 있는 것처럼, 민주주의에는 다양성을 지키고, 비판하는 자유를 확보하는 것이 불가결하다 할 수 있다. 다시 말해서, 민주주의는 자유주의와 표리일체이지 않으면 안 된다. 그러나, 아베정치는, 권력의 구성의 측면에만 민주주의를 한정하고 있다. 그리고, 권력자가 다수결이라는 절차를 통하여 행한 결정에 따르는 것이 민주주의라는 전도된 의논으로 자신들의 행동을 모두 정당화하고 있다. 민주주의가 단순한 다수결로 빠지게 되면 다수의 전제가 자유를 압살한다.

권력의 행사에 있어서 자유나 다양성을 옹호하기 위해서는 개인의 존엄을 지키고, 타자에 대해서 경의(respect)를 지니는 관례를 권력자가 옹호할 필요가 있다. 이 점에 대해서, 생각해보고자 한다.

헌법 및 법률에서 구체적으로 규정된 규범을 지키는 것은 민주주의를 유지하기 위해 필요조건이긴 하나 충분조건은 아니다. 정치의 운용에 관해 적힌 규범, 문자화되어 있지 않은 룰을 지키는 것도 필요하다. 트럼프정치에 있어서도, 아베정치에 있어서도, 적혀있지 않은 룰을 무시하는 것이 민주주의의 열화를 가져오고 있다.

미국의 정치학자 레비츠키(Steven Levitsky), 지블랫(Daniel Ziblatt)은 『민주주의는 어떻게 무너지는가』(신조사, 2018년)에서, 그러한 적혀있지 않은 룰을 '유연한 가드레일'이라 부르고 있다. 민주주의의 지도자가 선거에서 선택된 것을 유일한 정통성의 근거로 삼아 권력을 자기 마음대로 남용해버리면, 개인의 자유는 침해되게 된다. 그것을 막는 것이 가능한 게 가드레일이나, 그중에는 명문화되어 있지 않고, 유연한 것도 있다고 말하고 있다.

암묵적 룰을 부수더라도 처벌은 없으며, 그 이행을 강제하는 제도적 담보도 없다. 이것을 존중하는 것은 말하자면 신사, 숙녀의 에티켓이다. 축구경기에서 다친 사람이 나오면 상대 팀은, 다친 사람이 나와 상대편이 한 사람 줄어든 유리한 상황이 됨에도 불구하고, 볼을 라인 밖으로 차서 시합을 멈춘다. 시합을 재개할 때에는, 다친 사람이 나온 팀이 상대방에 볼을 넘겨주고 재개한다. 이것이 규칙 매뉴얼에는 없으나, 선수가 공유하는 상식이다. 일류 선수는, 자기 팀의 승리를 추구하는 것뿐만 아니라, 좋은 시합을 하는 것도 추구하기에 그와 같은 매너를 지킨다. 정치라는 활동에도 그러한 매너가 필요하며, 또한 지금까지의 정치가는 그것을 지켜왔다.

구체적으로는, 상호적 관용과 조직적 자제가 유연한 가드레일이다. 상호적 관용이란, 권력을 둘러싸고 싸우는 라이벌 정치가나 정당을 민주정치의 담당자로서 받아들이는 것, 의견을 달리하여 권력을 비판하는 사람들도 민주주의의 구성원으로 인정하는 것이다. 민주정치에 있어서 권력투쟁은 야구의 시합과도 같은 것이다. 시합 중에는 상대를 쓰러뜨리기 위해서 전력을 다하나, 상대가 없어지면 게임은 성립되지 않는다. 그렇기에, 민주주의하에서 활동하는 정치가는 반대 세력의 존재를 받아들이지 않으면 안 된다. 또한, 특정한 지도자가 이끄는 정부는 민주주의 정치체제 위에 존재하고 있다. 정치체제를 지지하는 한. 특정 정부에 대한 비판은 자유이다. 권력자는 비판적인 세력도 같은 민주주의 체제의 구성원으로 인정하지 않으면 안 된다.

조직적 자제란, 정부권력을 잡은 지도자나 정당이, 권력의 욕망에 이끌리게 되어도, 어디까지 넘어서는 안 되는 선을 넘으면 안 된다며 자신의 욕망에 브레이크를 거는 것이다. 그것은 개인의 도덕이 아니라, 정치가라는 직업에 공통된 에티켓이므로 조직적이라고 지블랫 등은 말하고 있다. 예를 들면, 과거 미국에서는 대통령의 임기에 제약이 없었으나, 역대 대통령은 2기가 끝나면 퇴임했다. 군이나 경찰을 권력자의 사병으로 이용하고, 반대 세력을 억압하는 것도, 민주주의 국가에서는 기본적으로 일어나지 않는다. 명문으로 금지되어 있지 않더라도, 민주주의 체제를 지키기 위해서 권력자가 해서는 안 되는 것에 대해 광범위한 합의가 존재했다.

상호적 관용과 조직적 자제의 쇠퇴

일본에서도 상호적 관용과 조직적 자제의 쇠퇴가 지속되고 있다.

과거 일본에서는, 중의원의 중선거구제가 정치가의 상호적 관용을 지탱해주었다. 같은 선거구에서 자민당의원과 야당의원이 공존하고 있었던 것이다. 그들은, 같은 지역의 대표로서, 서로 경의를 지니고 있었다. 자민당의 경우, 같은 당의 의원은 항상 의석을 둘러싸고 싸우는 라이벌이었으나, 야당의원은 지지자를 달리하는 점에서, 공존 가능한 경쟁상대였다. 당파를 넘어서 정치가의 인맥은, 의회운영에 있어서 타협이나 협조의 기초가 되었다. 정치 저널리스트인 하야노 도오루早野透가 쓴 다나카 가쿠에이의 전기에 따르면 '형제가 10명 있으면 한 사람 정도는 공산당도 있다'라는 것이 다나카의 입버릇이었다(하야노 도오루, 『다나카 가쿠에이』 중앙공론신사).

그러나, 아베, 트럼프형의 지도자는, '유연한 가드레일'을 추돌하여 권력을 행사해 버린다. 소선거구제가 상호적 관용을 무너뜨린 것은 틀림없는 사실일 것이다. 또한, 정권으로부터 전락한 경험이 자민당을 보다 편협한 권력에 눈이 먼 존재

로 만들었다. 아베에 있어서, 야당의원이란 함께 민주정치를
만들어 낼 경쟁적공존의 상대가 아닌 섬멸해야 할 적이다. 국
회 심의에 있어서 야당의원에 대한 적대적 자세는 상호적 관
용의 소멸을 보여준다. 또한, 정부에 대해서 비판적인 시민
도, 아베에 있어서는 이해 불가능한 시끄러울 뿐인 '이러한 사
람들'(2017년 7월의 도쿄 도의회 선거 때에 가두연설에서 아베 수상에
항의하는 사람들에 대해서 수상이 한 발언)이다.

　조직적 자제에 대해서도, 과거에 자민당 정권의 지도자에
게는 권력의 행사나 당파성의 발휘를 적절히 자제하는 상식
이나 관용이 존재했다. 통치기구 내에는, 전문성이나 공평성,
중립성이 특히 필요한 부문이 있다. 스포츠 게임에 있어서 심
판과 같은 이미지이다. 내각법제국은 그 하나의 예이다. 일
본의 경우, 재판소는 법령의 위헌심사에 소극적이었다. 그것
은, 최고재판소의 일종의 정책의 반영이기도 하나, 동시에 내
각 제출법안의 경우, 입법단계에서 내각법제국이 법률의 헌
법적합성에 대해서 엄격히 심사한 결과가 원인이기도 했다.
헌법질서의 안정을 위해서 일상적인 입법에 있어서 헌법과
의 정합성整合性을 체크하는 방식이, 긴 세월 의미를 지녀왔
다. 그랬기에, 역대의 자민당내각도 내각법제국의 자율성을
존중했다. 최고재판소와 같이 헌법상의 위치가 명기되어 있
지 않더라도, 내각법제국도 헌법의 감시원으로서 정부는 취
급해 왔다.

그러나, 아베정권은 집단적자위권의 행사를 가능하게 하기 위해서 헌법해석의 변경을 꾀하여, 내각법제국의 인사에 개입했다. 집단적자위권의 행사는 헌법9조에 위반한다는 종래의 법제국 견해를 변경하기 위해서, 장관은 내부로부터 승진한다는 관례를 깨고, 야마모토 쓰네유키山本庸幸 장관을 최고재판소 판사로 임명하여, 그 후임에 외무성 국제법국장이었던 고마쓰 이치로小松一郎를 임명했다. 고마쓰는 임기도중에 병사했지만, 그 후임에 임명된 요코바타케 유스케橫畠裕介는 고마쓰노선을 따라 헌법9조의 해석을 변경했다.

이외에도, 일본은행, 보도기관 등 전문성과 중립성을 중시하여 일정한 자율이 인정되어 자율적으로 존재하는 공적기관에 개입하여, 자신의 생각을 정당화하는 보증을 얻거나, 내지는 공적기관을 자신의 당파색으로 칠하는 데 주저하지 않는 데에서, 아베 수상의 노림수가 드러나고 있다.

5. 권력억제를 위한 통치기구개혁

국회의 강화에 의한 행정감시를

제2차 아베정권이 7년 가까이 이어지는 동안, 모리토모·가케학원 의혹 등 다양한 부패가 노출되어, 국회에서 허위의 답변이 반복되었다. 의혹에 대해서 국민은 납득하지 않은 것이 명백하나, 정권은 치명상을 입는 일도 없이 평연하게 지배를 이어가고 있다. 지금의 일본에는 권력분립이나 억제균형원리가 작동하고 있지 않다고 말하지 않을 수 없다.

미국의 트럼프 대통령의 폭주에 대해 우려하는 시민들은, 2018년의 중간선거에서 민주당의 약진을 가져와 하원에서는 야당 민주당이 다수당이 되었다. 그리고, 의회의 조사권을 행사하여, 부패나 의혹의 규명을 행하고 있다. 트럼프의 고문변호사를 역임한 마이클 코언(Michael Cohen)을 증인소환하여, 대통령선거의 부패에 대해 증언시켜서 정권을 흔들고 있다.

이것이야말로 본래의 권력분립의 효과이다. 미국은 대통령제를 취하고 있어, 의회와 대통령을 따로 뽑으므로, 분단정부(divided government) 상태가 일어나기 쉽다.

그러나, 일본은 의원내각제를 채용하고 있다. 의회의 다수파가 내각총리대신을 지명하기에, 여당은 입법권과 행정권의 두 가지 권력을 수중에 넣고 있다. 그렇기에, 행정감시를 위한 국회의 역할은 어디까지나 야당이 짊어질 수밖에 없다. 그 사정을 설명해두고자 한다.

과거 아베 수상이 국회답변에서, 자신은 입법부의 장이라고 말한 것도, 본인의 의도는 불명하나, 국회의 압도적 다수파의 지도자인 자신은 입법도 자유로이 행할 수 있다는 의미로는, 틀리지는 않은 말이다. 문서 위조, 국유지의 부정 염가 매각 문제에 대해서 국회에서 국정조사권을 행사하여 진상규명을 하려는 목소리가 높아져도, 그것은 어디까지나 야당의 주장이다. 다수를 쥐는 여당은 행정부의 불상사를 추궁할 시 다음 선거에서 대패를 할 위험에 직결되기에, 의혹을 은폐하려 한다. 국회법상 증인소환, 자료제출요구 등에 대해 국회에 강한 권한이 부여되어 있다. 그러나, 그 권한은 국회의 다수의사에 기초하지 않으면 행사할 수 없다. 야당이 아무리 조사 권한의 행사를 주장해도, 그것은 소수의견이기에 실현될 수 없다.

2017년 3월에, 모리토모학원의 가고이케 야스노리籠池泰典

이사장이 중참의원의 예산위원회에 증인소환되었다. 이것은, 자민당이 국정조사권의 본질을 정반대로 이해한 결과였다. 가고이케는 소학교설립에 있어서 아베 수상으로부터 100만 엔의 기부를 받았다고 발언했다. 자민당은 이것을 수상에 대한 명예훼손이라 반발했고, 진상규명을 위한 증인소환을 실시했다. 이 사례에 있어서, 국정조사권은 행정부의 불상사를 추궁하기 위한 무기가 아니라, 행정부의 장인 수상을 비판한 민간인을 응징하기 위한 무기로써 이용된 것이다.

의원내각제에서는, 정권여당은 야당에 비해서 압도적인 우위를 지닌다. 이 점에 대해서 정치사상사 연구자인 노구치 마사히로野口雅弘는 독일의 법학자 칼 슈미트(Carl Schmitt)의 『합법성과 정당성』(1993년)을 인용해가며, 다음과 같이 설명하고 있다. 여당이 지닌 '정치적 프리미엄(덧얹음)'에는, 관직의 배분이나 '예산을 준다'는 것은 물론이고, 선거연설 시의 야유의 배제부터 수상의 해산권까지, 수많은 것이 있다. 정권을 잡은 정당이 이러한 프리미엄을 철저히 이용하면, 의회정치의 민주적인 정당성은 상실된다. 여·야당 간의 경쟁이 불공정한 룰에 기반한 승부조작 레이싱이 되어 버리기 때문이다. 슈미트는 이렇기에 의회제에 가망을 두지 않고 단념했다. 우리들이 슈미트의 방향을 긍정하지 않는다면, 야당의 발판을 의도적으로 들어 올려 경쟁에서의 공평을 기하게 하는 것이 필요하다. 여기에서, 노구치는 소선거구제의 폐지나 야당에 대한 약자 보호정책(Affirmative Action)이 필요하다고 말하고 있다(「관료제의 열화를 생각한다(하) - 정당정치의 열화야말로 문제」, 『일본경제신문』, 2019년 8월 8일).

이 점은, 1990년대의 정치개혁 중에 충분히 의논되지 않았던 문제였다. 이미 설명한 바와 같이, 당시는 소선거구제를 도입하는 것에 의해 정당 간 경쟁을 실현하는 것이 개혁의 목적이었다. 당시의 개혁논의에는 소선거구가 긴장감있는 정당 간 경쟁을 가져올 것이라는 예정 조화적 낙관이 있었다. 그 경쟁이 어느 정도 길항拮抗상태의 정당 간에 의한 공정한 경쟁이 되기 위해 무언가 필요할지에 대한 문제에 대해서는 의논은 깊게 들어가지 않았다.

일본이 제도개혁의 모범으로 삼은 영국에서는, 여·야당 간의 경쟁조건의 불평등은 인식되어 있어, 그것을 메우기 위한 제도도 존재한다. 정당 조성금의 배분에 대해서도 일본과는 다르게 룰이 있다. 정책개발 보조금은, 정당이 작성하는 매니페스토(manifesto)로 걸고 있는 정책을 입안하는 경비에 충당되는 것으로, 2000년 법에 의해 창설되어, 연간 총액 200만 파운드가 각 정당에 분배된다. 배분방법은 두 가지 요소로부터 구성되어 있어, 절반인 100만 파운드는 정당의 대소에 관계없이, 대상정당(2의석 이상 가지고 있는 정당)에 균등하게 배분된다. 남은 100만 파운드는 총선거의 득표수 등에 의해 배분된다. 본 보조금은 선거위원회가 정한 지급조건에 의해 사용 용도가 엄격하게 제한되어 있어, 개개의 경비에 관한 청구에 기초하여, 국가가 하나하나 교부하는 제도이다(센즈이 타케히로泉水健宏, '영국 및 스웨덴의 선거제도 및 정치자금제도 - 해외조사보고', "입법과 조사"284호, 2008년 8월). 또한, 야당에게만 배분되는 보조금(Short Money)도 있다. 더 나아가, 의회에서 야당이 자유로이 의제를 설정할 수 있는 '야당의 날'이라는 제도도 있다.

일본의 경우, 의원입법의 입안이나 질문작성을 위한 자료수집에 있어서는, 중·참 양원의 의원법제국과 국회도서관이 의원을 서포트한다. 그러나, 정당조성금은 의석과 득표수에 비례하여 배분되어 여·야당의 구별도 없다.

국정조사권도 실제로는 여당의 합의가 없으면 발동할 수 없다. 참의원에서 여소야대를 만들어 내면, 야당이 조사권한을 행사하는 것도 가능하게 되나, 그렇게라도 하지 않으면 국회의 조사권한은 그림의 떡과 같다. 증인소환은, 증인의 인권을 억제할 가능성도 있으므로, 신중하게 운영할 필요가 있다. 그러나, 자료의 제출요구는 별개이다. 국회법 104조에서는, 의원 내지 위원회는 관공서 등에 자료제출을 요구할 수 있다고 규정하고 있다. 이것들을 전부 활용가능하다면 모리토모·가케학원 문제의 규명에 큰 도움이 될 것이다. 그러나, 자료제출 요구가 위원회의 권한인 한, 의혹 해명에 소극적인 여당이 그 발동을 저지할 것이다. 그렇기에 개개의 의원 내지 일정 수 이상의 의원의 권한으로 만들 필요가 있다.

아베정권하에서 진행된 권력의 집중의 문제란, 행정부가 지닌 권력이 거대화하는 한편으로, 국회에서의 설명이 소홀히 취급되어지고, 국회 자체에 의한 책임추구가 곤란해지는 언밸런스의 문제이다. 이 언밸런스를 바로잡기 위해서는, 행정부가 응답의무를 담보로 지게하고, 국회에 의한 책임추구를 지지하는 제도의 구축이 필요하다. 행정부의 설명책임을 다하게 하기 위한 제도나 의원에 의한 정보공개요구의 근거붙임은 야당만이 득을 보게 하는 것처럼 보일지 모른다. 그러나, 정부 여당과 야당과의 대항관계 중에서는, 야당만을 득보게 하는 것과 같은 제도를 부가하는 것에 의해서만 행정에 대한 컨트롤이라는 국회의 역할을 다하게 하는 것이 가능하다. 행정부에 의한 거대한 권력과 가볍기 그지없는 책임의 언밸런스가 방치된 채 계속된다면 슈미트가 주장한 것과 같이 '의회정치에 가망을 두지 않고 단념하는 분위기'가 국민 사이에 퍼져갈 우려가 있다.

사법의 독립의 회복을

아울러, 권력분립원리 중에서 행정부의 권력을 체크해야 하는 재판소에 대해서도 언급하고자 한다. 재판소는 헌법상

독립을 보장받아, 내각 및 국회의 정책에 대하여, 헌법이나 법률에 비추어 음미하여, 잘못을 바로잡는 역할을 하지 않으면 안 된다. 그러나, 헤노코邊野古 기지 건설을 둘러싼 오키나와현과 국가의 싸움이나 원자력발전소 재가동을 둘러싼 분쟁을 보면 극명히 드러나듯, 국가의 정책을 위헌, 위법으로 부정하는 것은 실제로는 거의 기대할 수 없다. 재판소도 결국 거대한 관료기구이다. 최고재판소의 장관, 판사를 내각이 지명, 임명하는 구조인 이상, 재판소도 인사권을 쥐고 있는 내각의 의향을 촌탁하게 된다.

헤노코 매립 허가 철회의 무효를 요청하는 국가가 오키나와현을 상대로 제기한 소송에 대해서, 내각과 재판소가 국가 측의 손을 들어주기 위해 뒤에서 손을 잡은 것을 교도통신이 기사화했다.

2016년 1월 29일, 고등재판소 나하지부가 대집행소송에 대해, 금후 재판에서 싸울 시, '국가가 계속 이길 보증은 없다'며 화해권고를 내렸다. 그 사실을 들은 스가 요시히데 관방장관은 '100% 이기는 게 아니었나?'하고 당혹감을 감추지 않았다. 이후, 스가 씨는 관여하는 사람의 수를 줄인다. '정부가 화해를 향해 움직이고 있는 것이 알려진다면, 오키나와현이 화해에 응하지 않을 우려가 있다'고 주위에서는 해석했다. 기시다 후미오岸田文雄 외상, 나카타니 겐中谷元 방위상, 조즈카 마코토定塚誠 법무성 송무국장은 멤버로 남았다. 관계자는, '조즈카 씨는 고등재판소 나하지부의 다미야 도시로 재판장과 연락을 하고 있었던 것으로 보인다'고 증언했다. 화해조항에는 '재소송이 된 경우, 판결에 따르는 것과 더불어, 그 취지에 따라 서로 협력하여 성실히 대응하는 것을 확약한다'고 명기했다. 이것을 근거로 스가 씨는 재소송에서 승리하면, 헤노코 이설에 사법의 보증을 얻어 이설을 추진할 수 있다고 시나리오를 그렸다 -
(구시켄 카츠야, '연약지반의 설계변경으로 오키나와현이 매립 승인 철회로', "미디어워치 100" 제1134호, 2019년 2월 6일에 인용)

화해를 권고한 후쿠오카고등재판소 나하지부의 다미야 도시로多見谷寿郎 재판장은, 소송이 제기되기 직전인 2015년 1월 30일에 동 지부로 이동했다. 재판소는 오키나와현의 허가철회를 무효로 하기 위해 일부러 다미야를 보내었다고 해도 과언은 아닐 것이다.

이렇게 되면, 3권분립은커녕 내각의 독재가 된다. 이 독재 상태를 타파하기 위해서는, 선거로 국민이 권력자를 경질하는 것이 유효하다. 동시에 또한, 장기적인 통치기구 개혁의 논의 중에서, 사법의 독립성의 강화, 행정에 대한 체크기능의 향상에 대해서도 생각할 필요가 있다. 예를 들면, 재판관과 법무성·검찰청의 인사교류를 중지하는 것, 재야 법조인으로부터 재판관의 등용을 늘리는 것 등은 헌법개정을 수반하지 않고도 가능하다.

제3장

분열되어
미주迷走하는 야당

이 장에서는, 민주주의를 지탱해 왔던 정당시스템의 변용에 대해서, 특히 야당의 혼미라는 측면에서부터 생각해보고자 한다.

전후 일본의 민주주의에 있어서는 정당 간의 경쟁의 측면이 결여되어 있어, 자민당에 의한 1당 우위체제가 계속되었다. 정권교체의 가능성이 없는 점이, 정치부패나 정책의 정체를 가져왔다는 비판은 1990년대에 확산되어, 일본에서도 1993년과 2009년에 정권교체를 경험했다. 그러나, 2012년에 민주당 정권이 붕괴한 뒤로는 야당의 존재감은 희미해지고, 1당 우위체제가 부활한 감이 들어온다. 또한, 국회에 있어서의 법안심의는, 정부에 있어서 쓸데없는 품이 들어가는 일이라는 인식이 정부지도자 사이에 퍼져갔고, 이전 장에서 본 것과 같이 국회 논전의 공동화가 심각해지게 되었다.

야당을 재건하고, 긴장감 있는 정당 간 경쟁을 실현하는 것은, 민주주의에 빠질 수 없는 요소다. 1990년대 이래 야당 재편성은 어째서 시행착오와 실패를 이어갔는지가 이 장의 주요한 논점이 되겠다.

1. 좋은 야당을 향한 도전

정당 간 경쟁을 찾아서

전후 일본의 정당시스템이 정착한 것은, 1955년이다. 이 해에, 보수합동에 의해 자유민주당이 결성되었고, 좌우로 분열된 사회당이 재편되었다. 이 양당이 중심이 된 정당시스템을 55년 체제라 부른다.

55년 체제에는, 자민당 내의 치열한 경쟁과, 여·야당 간에 있어서 경쟁이 부재했다는 특징이 있었다.

전자의 특징은, 자민당의 결성의 경위에서 유래한다. 보수진영 내에는, 복고주의적 우익으로부터 합리주의적 온건보수까지 다양한 세력이 존재했다. 냉전체제가 굳어지게 된 시기, 일본에서는 좌파 측에서 사회당이 성장한 것에 위협을 느낀 보수진영과 경제계, 더 나아가 미국이 보수정당의 단결을 재촉했다. 이에 의해 보수합동이 실현되었으나, 자민당으로의 합당 이전의 보수의 다양성은 이어졌다. 이념이나 이데올로 기의 대립이라는 면도 어느 정도 존재했으나, 권력을 둘러싼 경쟁은 치열했다.

후자의 특징은 좌파정당, 사회당의 개성에 유래한다. 사회당에서는 마르크스·레닌주의가 우세했고, 의회 내 정당으로서 정권교체를 목표로 하는 노선은, 공식적으로는 1980년대까지 정착되지 않았다. 실제로 사회주의 혁명은 불가능하였기에, 사회당은 헌법개정을 저지하는 것에 스스로의 존재의의를 찾아냈다. 초기의 자민당이 헌법9조의 개정을 주장하고 있었으므로, 그것과 대항하는 사회당은 헌법옹호의 정당으로서 일정한 지지를 모았다. 헌법개정을 저지하기 위해서는 국회에서 1/3 이상의 의석을 지니고 있으면 충분했다. 그렇기에, 사회당은 1/2 이상이 아니라, 1/3을 얻어 만족했고, 여·야당 간에서 정권을 둘러싼 진검승부는 존재하지 않았다.

이 두 가지 특징을 유지하게 한 것이, 당시의 중의원 중선거구제였다. 이 제도에서는, 하나의 선거구로부터 3 내지 5(이후 정수 시정으로 2 내지 6)명의 의원이 선출되었다. 자민당의 후보자끼리 보수의 표를 가지고 싸우고, 야당의 후보도 있을 장소를 얻었다. 1960년대 이후, 야당의 다당화가 진행되었으나, 기본적인 정당시스템의 구도는 유지되었다.

자민당 내의 치열한 경쟁은, 파벌의 대립이나 금권부패정치를 가져왔다. 정당 간의 경쟁이 부재했고, 일당우위는 항시화되었다. 이렇게 폐해를 시정하기 위해서, 1990년대에 선거제도 개혁이 행해졌던 것이다. 지방에 있어서의 압도적인 보수지반을 지닌 자민당은 소선거구제에도 대응하여 살아남았으나, 여기에 비해 야당 측은 자민당에 도전하는 정당의 구축을 둘러싸고 시행착오가 이어졌다.

민주당의 모색

1994년 말에, 호소카와 연립정권을 지지하던 정당 중, 사회당과 신당 사키가케를 제외한 세력이 신진당을 결성했다. 동당은, 1995년의 참의원선거에서 약진하고, 비례대표에서는 제1당이 되었다. 그러나 96년 총선거에서 패해, 이후 내분이 이어진 끝에 97년 말에 해산解散했다. 다음으로 야당의 핵이 된 것이 96년 가을에 결성된 민주당이었다. 신진당 붕괴 후, 공명당과 오자와 이치로의 그룹을 제외한 세력은 민주당에 참가하여, 98년의 참의원선거 전에 다시금 민주당이 결성되었다. 98년 참의원선거, 2000년의 중의원선거에서 의석을 늘려, 민주당은 야당 제1당으로서 지위를 확립했다.

민주당은, 자민당에 대한 질림이나 변화를 향한 대망待望이라는 다양한 시민의 의사를 모으는 그릇으로서, 당세를 확대했다. 그러나, 자민당을 대신하기 위하여 어떠한 정책에 호소해야 할지 하는 구체적인 질문에 대해서는 시행착오가 이어졌다.

민주당은 다양한 정치가에 의해 구성되었다. 96년에 만들어진 제1차 민주당을 결성한 것은, 사회당 우파와 신당 사키가케의 정치가였다. 그들은 기본적으로, 헌법의 이념을 옹호하고, 복지국가의 이념을 추구했다. 그 후 확대 민주당에 더해진 것이 舊 민사당, 신진당에 참가했던 舊 일본신당이나 舊 자민당의 정치가였다. 이에 비해, 2000년 이후로는 처음부터 민주당에서 당선된 정치가도 늘기 시작했다. 출신정당 이외의 속성으로 정리하면, 마쓰시타 정경숙(파나소닉의 창업주 마쓰시타 고노스케松下幸之助(1894-1989)가 설립한 청년 정치지도자 양성 사설교육기관. 옮긴이) 출신, 관료 출신, 대기업 샐러리맨 경험자가 존재했다. 그들 중에서는 국회의원이 되고 싶으나, 자신이 나가고 싶은 선거구에는 자민당의 현직의원이 있었기에, 어쩔 수 없이 민주당으로 출마했다는 정치가도 있었다. 또한, 98년 이후에 민주당에 들어온 정치가 중에서는, 개헌론자, 신자유주의의 신봉자도 존재했다. 자민당이, 친대기업의 경제정책을 취하는 한편으로 농가나 중소기업의 이익을 옹호하며, 또한 개헌을 외치는 우파가 있는 한편에 호헌파도 있다는 융통무애融通無碍의 정당이었던 와중에, '비자민非自民'을 어떻게 정의하는가에 대해, 야당은 고심하지 않을 수 없었다.

소선거구제는 정당의 과점화를 가져온다. 자민당은 충분

히 크기에, 이것에 대항하는 측이 합동하지 않으면, 밸런스 있는 정당정치를 할 수 없다. 그러나, 90년대 이후의 정당의 상황은, 냉전시대와 같은 압력솥이 아니었다. 보수나 좌파의 응집을 촉진하는 압력은 없어졌다. 자민당정치를 대신하는 거대한 비전은 하나가 아니었다. 또한, 거대한 목표를 위해서 작은 상이를 뛰어넘는 정치적 성숙이 야당진영에는 결여되어 있었다. 이러하여 지난 20년간, 야당진영 측만으로 이합집산이 반복되었다.

첫 번째 문제는, 야당의 모델을 둘러싼 싸움이다. 일본에서 야당의 역할을 논할 때에는 어째서인지 저항과 제안이라는 두 가지 선택지 중 하나로 택일하여 논하는 경우가 많다. 90년대의 야당 재편은, 만년야당 사회당의 부정否定으로부터 시작되었다는 경위가 있었기에, 소수인 것을 전제로 정부 여당의 정책결정에 저항한다는 야당의 싸움방식에 대해서 부정적인 견해를 가진 정치가가, 야당의 내에서 큰 세력을 점했다. 그러나, 제대로 정책을 제안하더라도, 소수야당인 한 실현할 가능성은 낮다. 물론 여당이 찬성해 준다면 실현될 수 있을 것이다. 1960년대부터 70년대에는 야당이 공해대책의 강화와 사회복지의 확충을 주창하여, 자민당 정권은 그러한 비판을 받아들여 정책전환을 행했다. 그 결과 자민당의 유연성이나 대응력이 평가되어 그 공적은 정부 여당에 돌아가게 되었다. 또한 정부 여당 제안의 법안이 야당에게 극히 유해한 법안이라고 생각하면, 시간 끌기 등의 전법을 구사하여 저항하는 것도 중요하다. 자민당도 야당으로 전락했을 때에는, 그러한 의미에서의 저항 야당이었다. 물론, 장래의 정권획득을 목표로 하는 정책제안을 행하는 것도 중요하다. 실제로는 90년대 이후 야당에서는 저항보다는 제안을 내야 한다는 야당의 목소리가 높았고, 스캔들을 추궁하거나 저항에 의존하는 것은 낡은 방식이라는 편견이 있었다. 두 번째로 민주당은 정권을 노릴 때에 질과 양의 모순에 항상 고민해 왔다. 질이란, 자민당 정권을 대신할 때의 정책의 방향성 및 중심을 뜻한다. 양이란, 권력을 잡기 위한 정치가의 머릿수이다. 이 모순이란, 방향성을 명확히 하면 내부에서 대립, 반목이 확산되고, 머릿수를 늘일 수 있게 될 수 있는 정책을 실현하고 싶으나 어떻게 해야 할지 알 수 없게 되어 버리는 딜레마이다.

2003년의 민주당과 자유당의 합병은, 머릿수를 늘리기 위해서였다. 그러나 2005년의 우정민영화선거에서 대패한 후, 대표에 취임한 마에하라 세이지前原誠司가 가짜 메일 사건으로 실각하고, 오자와 이치로가 민주당의 리더에 오름으로써, 민주당은 그 시점에서는 질과 양의 모순을 뛰어넘는 것이 가능했다. 오자와는, 선거에 이기기 위해서 가장 합리적인 수단을 취할 것, 그리고 지방이나 약자에 대한 재분배야말로 정치의 역할이라는 두 가지의 신념에 있어서 다나카 가쿠에이의 정통 적자였다. 그리고, 이 두 가지야말로 민주당에 가장 결여되어 있는 요소였다. 도회지 출신의 인텔리 정치가는, 미디어를 통한 호감과, 새로운 것을 희구하는 물결에 기대어 선거를 승리한 경험을 갖고 있었다. 그들은 선거에 있어서의 조직의 중요성을 이해하지 못하였고, 관료를 혁파하여, 정부의 비효율을 수정하는 '작은정부' 노선에 열심이었다. 그러나 고이즈미 준이치로가 '작은정부' 노선에서 열풍을 일으키고 대승리를 얻은 이후에 동류의 정당은 필요 없었다. 오자와가 구호로 건 '생활 제일' 노선은 실질적인 사회민주주의로서, 신자유주의에 동화된 고이즈미 자민당과의 대결구도를 만들어 내는 것에 성공했다. 그리고, 2009년의 정권교체까지 이르렀다.

그러나, 자민당 대 민주당이라는 2대 정당의 구조는 정착되지 않았다. 동일본대지진과 원전사고의 대응이 불충분했던 것은, 정권에 대한 신뢰를 잃게 만드는 결정적인 요인이 되었다. 그러나, 정권운영에 실패하더라도, 그 패인을 분석하여, 절치부심하여 권토중래를 일으키면 또한 정권교체의 기회는 돌아온다. 구미의 정치는 모두 그렇게 전개되어 왔다. 일본의 정당시스템에 있어서, 민주당이 내부대립으로부터 분열된 것은 치명적인 불운이었다.

오자와는, 노다 요시히코野田佳彦 정권이 추진한 소비세 인상은 공약위반이라는 대의명분을 걸고 탈당했다. 그러나, '생활제일' 노선으로 정책을 전개하기 위해서는 안정재원이 필요했고, 소비세율 상승도 언젠가는 피할 수 없는 과제였다.

정권의 수단의 문제를 과대하게 쟁점화한 것은 비난받아야 할 것이다. 한편, 노다정권을 지지했던 당시의 민주당주류파도, 오자와를 붙들어 매기 위한 노력을 충분히 하지 않았던 것은 비난받아야 할 것이다. 시노하라 다카시篠原孝 등 온건파 의원 측은 소비세율 인상에 대한 당 소속의 국회의원에 의한 투표를 당으로서의 방침으로 결정하여, 여기에 전全당의원이 따르는 수습책을 제안했다. 그러나, 소비세율 인상은, 집행부 일임이라는 애매한 방식으로 결정되었다.

'생활 제일'이 이념으로서 민주당의 정치가에 공유되어 있었다면, 소비세란 목적을 달성하기 위한 수단에 지나지 않고, 세율은 정도의 문제로써 타협가능한 정도로 머물렀을 것이다. 이념이 공유되지 않았던 것이 당의 분열을 불러왔다. 정권교체를 성취한 뒤에도, 질과 양의 모순을 극복할 수 없었던 것이다.

2. 야당 재편의 모색은 지속된다

야당협력이라는 새로운 조류

　2015년 여름의 안보법제 반대운동 이후, 야당은 재편·제휴의 새로운 단계에 들어갔다. 아베정권은 2013년에 내각법제국 장관 인사를 교체하여, '집단적자위권의 행사는 헌법9조에 위반하지 않는다'는 새로운 정부견해를 끌어내었다. 거기에 기초하여 2015년 통상국회에 소위 안보법제를 제안했다. 이 것에 대해 광범위한 국민적 반대운동이 일어났다.

　당시의 민주당 내에는 집단적자위권의 행사나 미일美日 간의 방위협력 강화에 찬성하는 정치가도 있었다. 그러나, 민주당의 오카다 가쓰야 대표는 집단적자위권의 행사는 위헌이라 비판의 날을 세우고, 민주당은 공산당, 자유당, 사민당과 함께 안보법제에 대하여 철저하게 반대하는 노선을 명확히 했다.

2015년 9월, 안보법제는 여당의 다수의 힘으로 성립되었으나, 그 후 이듬해 참의원선거를 향한 야당의 협력을 원하는 움직임이 시작되었다. 법안성립 직후, 공산당의 시이 가즈오 志位和夫 위원장은 국민연합정부의 수립을 주창했다. 이 해 끝무렵, 안보법제 반대운동의 주축을 담당했던 총공격행동실행위원회(공산당과 협력이 깊은 전노련과 舊총평(일본노동조합총평의회 日本労働組合総評議会(약칭 총평総評) : 1950년 설립되어 1989년 일본노동조합연합회로 발전적 해체. 옮긴이)계의 노조에 의한 평화 포럼이 중심이 된 조직), 안보관련법에 반대하는 어머니의 회, 학생들의 SEALDs, 나 자신도 가입해 있는 입헌 데모크라시 회, 안전보장 관련법에 반대하는 학자 회가 모여, 야당협력을 원하는 시민연합(안보법제의 폐지와 입헌주의 회복을 원하는 시민연합. 이하 시민연합)이 결성되었다. 안보법제에 이어서, 아베정권이 헌법개정을 실현하려하는 위기감 속에서, 먼저 참의원에서 여당, 개헌세력의 2/3를 저지하는 운동을 시작했다.

2016년 초부터, 참의원, 특히 32개의 1인 선거구에서 야당 통일후보를 옹립하는 운동이 퍼져 갔다. 각 야당도 이러한 시민의 목소리를 무시하지 못하여 협력을 진행하는 분위기가 고양되었다. 2016년 4월, 중의원 홋카이도5구의 보궐선거에서, 민진당(민주당과 유신의 당의 일부가 합당하여 2016년 3월에 결성)과 공산당이 협력하여 통일후보를 옹립하여 선전했다. 이것이 야당협력의 움직임을 결정적으로 만들어, 동년 7월의 참의원선거에서는 32개의 모든 1인구에서 후보 단일화를 실현하여, 11개 현에서 야당계 후보가 승리했다.

1인구에서는 선전하였다 하더라도, 개헌세력의 2/3를 타파하는 것은 불가능하여, 국정선거를 향한 운동을 지속하게 되었다. 동년 10월의 니가타현 지사선거에서, 가시와자키 가리와柏崎刈羽 원자력발전소의 재가동 반대를 쟁점으로 건 야당계 후보가 승리한 것으로, 야당협력의 유효성은 증명되었다. 이에 의해, 다음 국정선거에서도 시민주도로 야당협력을 실현하는 분위기가 이어졌다.

2016년에서 17년에 걸쳐, 전국의 다양한 지역에서, 중의원 소선거구에서도 야당후보의 단일화를 원하는 운동이 확산되었다. 그러나, 야당 제1당인 민진당에서는 혼미가 이어졌다. 2016년의 참의원선거 직후에 오카다 가쓰야가 대표를 사임하고, 후임은 렌호蓮舫가 취임했다. 그러나, 그녀에 대해서는 이중국적이라는 비판이 우파로부터 쏟아졌다. 이것은, 민족차별주의적 발상에 기반한 부당한 트집 잡기였으나, 민진당은 대응에 고심했다. 그리고 2017년 7월의 도쿄도 의회 선거에서는 고이케 유리코小池百合子 지사의 여당이 되는 도민퍼스트의 회가 약진하는 한편, 민진당은 대패했다. 렌호는 1년도 되지 않아 대표를 사임했고, 대표선거에서 마에하라 세이지와 에다노 유키오枝野幸男가 대결하여, 마에하라가 대표에 취임했다.

민진당의 분열

마에하라는 공산당과의 협력에 회의적인 보수파의 리더였다. 이 사이, 호소노 고시細野豪志를 시작으로, 고이케와의 연계를 시야에 두고 있는 보수적인 정치가가 차례로 민진당을 이탈하여, 마에하라의 방향키가 주목되었다. 해산 총선거의 기운이 높아지고, 후보자 조정을 서두르지 않으면 안 되는 상황 속에서, 시민연합은 마에하라 집행부와도 협의를 계속하여, 종래의 노선의 연장선상에서 중의원 소선거구에서도 극력, 야당후보자의 일체화를 꾀한다는 합의를 얻어냈다.

9월 20일 나는, 마에하라, 쓰지모토 기요미辻元清美와 회담했다. 이 두 사람은, 2009년에 하토야마 민주당 정권에서 국토교통대신, 부대신을 역임한 이래, 친밀한 신뢰관계를 지니고 있었다. 쓰지모토는 리버럴파였으나, 마에하라대표의 밑에서 임원실장을 역임했다. 그 후, 마에하라는 명확히 '총선거의 소선거구에서는 1:1의 대결 구도를 만들고 싶다'고 진술하며, 최대의 쟁점은 아베에 의한 일본국가의 사물화를 용서하지 않는 것이라고 말했다. 또한, 쓰지모토는, 280개의 소선거구에서 다른 야당과 단일화의 조정을 하고 있는 도중에, 공산당은 15개의 선거구에서 자당의 후보를 세우는 데에 강경했다고 말했다. 단지 야당협력은 어디까지나 후보자 조정으로, 정당 간의 공식적 협력이 아니므로, 야당당수가 손을 잡

고 정권교체를 주창하는 것 같은 이벤트는 불가능하다고 말했다. 시민연합이 각 당에 후보자 단일화를 주창하여, 개개의 야당이 시민연합과 협정을 맺어 브릿지 공투ブリッジ共鬪(시민연합이 야당 사이에서 각 정당과 같은 정책 요망을 교환해 가는 형태의 공동투쟁. 옮긴이)하는 형태로 머무르는 것도 어쩔 수 없을 것이라고 나는 판단했다.

그러나, 해산 직전의 타이밍에서 마에하라는 고이케와 회담한 뒤, 고이케 신당, 뒤의 희망의당으로의 합류를 결단했다. 민진당 분열에서부터 희망의당의 결성, 더 나아가 입헌민주당의 결성에 이르기까지의 과정을 나 자신의 기록을 기초로 하여 정리하면 다음과 같다.

2017년 9월 26일

시민연합을 대표로 한 나와 몇 명의 멤버는, 4야당 간사장, 서기장과 회담하여, 총선거에 있어서 소선거구후보의 단일화와 7항목의 공통정책골자를 제언하는 요망서를 교환했다. 공산, 자유, 사민의 각 당뿐 아니라, 민진당의 오시마 아쓰시大島敦 간사장으로부터도, 기본적으로 동의하기에, 요청의 실현을 향해 노력하고 싶다는 회답을 얻었다. 시민연합을 매개로 한 야당의 브릿지 공투의 틀이 잡힌 것이라 나는 판단했다.

그러나 그날 저녁, 신문기자로부터 민진당의 마에하라 세이지 대표가, 연합(일본노동조합총연합회日本労働組合総連合会. 옮긴이)의 고즈 리키오新津里季生 회장과 함께 고이케 유리코 도쿄 도지사와 회담한다는 이야기를 듣고, 나의 낙관은 한순간에 바뀌었다. 민진당 집행부는 고이케 신당과 연계하여, 종래의 야당협력을 해소하고, 리버럴파를 일소하려는 방침을 추구하는 것이 아닌가, 나는 암담한 기분에 빠졌다.

27일 고이케 지사가 희망의당 대표에 취임하자 취임 기자회견이 열렸다. 민진당의 총선거 후보자는 전부 희망의당으로부터 공인을 얻어 입후보한다는 마에하라 대표의 방침이 표명되었다.

28일 중의원 해산. 그 후 민진당 양원의원총회에서, 중의원의원 및 후보자가 전부 희망의당으로 이행하여 총선거에서 싸운다는 마에하라 제안이 공인을 받았다.

29일 고이케는 민진당으로부터의 입후보 공인 신청자에 대해서, 입헌, 안전보장에 관한 견해가 다른 리버럴파를 배제한다고 명확히 말했다. 또한, 희망의당은 오사카에서 유신의당과 연계하는 방침을 명확히하여, 쓰지모토를 시작으로 하는 오사카부의 민진당 후보자는 희망의당에 들어가는 것은 불가능하게 되었다. 이에 의해 민진당 내의 리버럴은 무소속으로 나오거나, 신당을 결성하는 등의 새로운 대응을 모색하기 시작했다.

30일 민진당의 리버럴파와 연합은 마에하라에 대해서, 희망의당의 배제방침을 철회시키기 위한 회합을 요청했으나, 희망의당으로부터의 반응은 없었다.

10월 1일 신당결성인가 희망의당으로의 합류인가를 둘러싸고, 리버럴파를 중심으로 모색은 이어졌다. NHK의 '일요토론'에서, 희망의당의 와카사 마사루若狹勝가 이 총선거에서 한번에 정권교체를 실현하는 것은 무리라고 발언하여, 이 당의 전략이 명확하지 않은 것이 드러났다.

2일 나는 이날 오전 1시경, 민진당의 리버럴파의 참의원의원 비서로부터, 신당결성을 목적으로 비서그룹이 사무작업을 시작했다는 전화를 받았다. 에다노 유키오를 중심으로 하여, 리버럴파의 신당, 입헌민주당이 결성되는 것이 공식적으로 표명되었다. 연합도, 구민진당 소속의 의원에 대해서 현재의 소속에 관계없이 개별 추천하는 방침이 결정되었다.

마에하라 방침이 제안된 때, 당초, 나는 일부러 제1보를 들었을 때의 경계를 버리고, 최대한 희망적인 관측을 그려 보았다. 희망의당에 있는 것은 고이케의 인기와 미디어에 대한 영향력뿐이다. 총선거 시 전국에서 싸울 자금, 조직, 인재는 전부 민진당이 제공하게 된다. 따라서, 고이케의 신선함을 어필하는 고압적인 메시지의 뒤에, 실제로는 민진당의 정치가가 희망의당을 움직여, 이 총선거에서 한번에 자민당을 과반수 붕괴로 밀어붙여, 정권교체를 실현한다는 것이었다. 뒤에 배제되게 된 쓰지모토와 27일에 전화로 이야기했을 때에는, 그녀로부터도 결벽함에 얽매여서 고이케와의 연계를 부정할 것이 아니라, 이번 기회에, 한번에 아베·자민당을 쓰러뜨려야 한다는 의견을 들었다.

나는 10월 2일 아침, 마에하라 본인에게서도 전화를 받아, 최종적으로는 리버럴파를 포함한 200명의 민진당 후보가 희망의당에서 공인되어, 기본정책도 우익적인 개헌이 아니며, 종래의 민진당의 노선과 모순되지 않는 표현이 될 것이라고 들었다. 에다노가 분당하게 되면, 그와 같은 가능성은 없어진다고 덧붙였다. 그러나, 후보선정과 정책의 교섭은 극비리에 행해져, 그 사이 희망의당으로부터 배제의 방침이 강한 어조로 반복되어, 리버럴파에 있어서 희망의당에서 출마하는 선택지는 없어지게 되었다. 또한, 오카다 가쓰야, 노다 요시히코 등 선거에 강한 정치가는 마에하라에 반발하여 무소속으로 출마할 것을 결정했다.

내가 본 사실의 경과는 이상과 같다. 마에하라의 가장 큰 잘못은, 희망의당으로의 합류의 절차에 대해 고이케와의 사이에서 명확히 정하지 않은 점에 있다. 금전도 조직도 민진당이 내는 것이니, 마에하라가 우위에 선 교섭을 진행하는 것도 가능했을 것이다. 그러나, 겉으로 보기에는 일관적으로 고이케의 페이스로 이야기가 진행되어, 리버럴파는 궁지에 몰아넣어졌다. 고이케의 미디어의 독주를 허락한 것으로 마에하라는 실패했다.

이때 스스로도 민진당으로부터 입헌민주당에 옮겨 입후보한 이도 마사에井戸正枝도 귀중한 증언을 남기고 있다(『도큐멘트 후보자들의 투쟁』 이와나미서점, 2018년). 민진당의 희망의당으로의 합류방침이 결정된 후, 289개의 소선거구의 후보자 공인을 둘러싸고 희망의당의 와카사 마사루와 민진당의 겐바 고이치로玄葉光一郎가 선거대책 책임자로서 절충했다. 민진당에는 200명 정도, 희망의당에는 160명 정도 후보예정자가 있었다. 와카사는 '현직에 구애받지 않는' 것을 후보자의 요건으로서, 민진당의 현직, 전직도 반드시 우선되지 않는다는 방침을 취했다. 고이케가 우측으로 저변을 넓히는 것을 중시했기에, 에다노에 가깝다고 생각되는 정치가는 정식결정 전에 퍼져 있던 '후보자 리스트'로부터 배제되어 있었다. 이것이 신당결성을 촉진한 것은 틀림없다.

고이케로서도 큰 실패였던 점은, 수상후보를 결정하지 않은 채 신당을 만들었던 것이다. 고이케가 대표가 된 신당을 만든 이상, 수상후보에는 고이케 자신이 될 수밖에 없다. 그러나, 도지사를 일 년여 역임 후 사퇴하고 국정에 나온다는 것도 큰 비판을 살 우려가 있었다. 고이케의 진퇴가 결정되지 않은 채 정권 선택을 외쳐도 박력은 없었다.

민진당의 분열은 몇 가지의 우연과, 지도자의 착오의 결과 일어났지만. 길게 보면 과거 25년간의 정당재편에 있어서의 큰 야당을 만드는 프로젝트에서의 질과 양의 모순이 이 타이밍에 드러난 것이라 말할 수 있을 것이다.

소선거구제를 도입한 이래, 자민당에 대항하는 큰 야당을 만드는 시도가 몇 차례 있어 왔고, 그때마다 좌절했다. 일본의 경우, 사회당의 붕괴 이래, 좌파가 2대 정당의 일익을 담당할 힘이 없어, 좌파와 자민당 이외의 보수세력의 제휴로 대항정권을 만들 수밖에 없었다. 그러나, 정치의 기본방침을 둘러싸고 알력이 이어져, 일체감이 결여된 나약함을 안은 채 계속되어 왔다. 2017년의 총선거 때도, 희망의당이라는 개성이 강한 보수신당과 제휴하는 데 있어서 민진당 내의 엇갈리는 시각이 드러났다.

이 분열은, 민진당이 당초부터 안고 있던 모순이 분출된 결과였다. 이 모순의 기원은, 2015년의 아베법제에 대한 대응과, 그 후의 야당협력노선에 대한 평가이다. 전에 말한 대로, 당시의 오카다대표는 안보법제위헌론의 입장에서, 다른 야당과 협력하는 길을 선택했다. 더 나아가, 참의원에서는 일정한 성과를 남겼기에, 야당협력노선을 부정하는 것은 곤란해졌다. 미에현 선거의 시바 히로카즈芝博一와 같이, 원래부터 신직神職출신으로 보수파이면서도, 공산당을 포함한 야당협력에 의해 살아남아, 그 후 열성적인 야당협력론자가 된 정치인도 있다. 민진당 내의 보수파는 렌호 체제의 동요를 호기로 보아 도의원의 패배를 기회로하여 고이케와의 연계를 지향하여 민진당을 흔들었다. 마에하라는, 야당협력노선을 타는 것처럼 보인 후, 마지막엔 고이케와 제휴를 선택했다. 공산당을 포함한 야당협력이 본격화하기 직전에 민진당을 오른쪽으로 선회시킨 것이다.

그러나, 마에하라와 고이케의 속임수는 실패로 돌아갔다. 고이케의 배제발언에 의해 희망의당의 이미지가 급속히 악화되었다. 야당이 분열한 것으로 자민당은 어부지리를 얻어, 284석의 압승을 거두었고, 공명당의 29석을 더하여 거대여당체제를 유지했다. 입헌민주당은 결성 직후의 준비부족의 체제이면서도, 비례대표에서 1,100만표를 획득하여 55석으로 야당 제1당으로 약진했다. 희망의당은 50석에 머물렀다.

작은 차이지만, 입헌민주당이 야당 제1당이 된 것은, 그 후의 야당 재편성에 큰 영향을 끼치고 있다. 희망의당은 자민당과의 차이를 알 수 없는 정당으로, 아베정치에 불만을 지니고 있는 시민에 있어서는 선택지가 되지 못했으나, 입헌민주당의 비례표가 이전 선거의 민주당의 그것을 130만표 상회했고, 공산당, 사민당을 합쳐 200만표가 줄어든 것에서, 민주당, 민진당의 리버럴한 지지자와 민주당에서 떨어져 나가 공산당 등에 움직였던 진보적인 시민이 입헌민주당에 투표한 것이 드러났다. 자민당과 희망의당의 보수양당체제에서는 선택지가 없다고 받아들인 리버럴한 시민에 있어서는, 입헌민주당은 한 가닥의 '거미줄'(지옥에 떨어진 칸다타가 석가모니가 내려준

거미줄을 타고 극락으로 갈 수 있는 기회를 얻으려 했던 데서 따온 아쿠타가와 류노스케芥川龍之介의 작품에서 나온 표현. 옮긴이)이었다.

이 총선거의 결과, 보수양대정당이 아닌, 자민당에 대항하는 야당의 선두에 리버럴노선의 입헌민주당이 서게 되었다. 90년대의 정당재편 이래, 야당이 고심해 왔던 질과 양의 모순에 대해서, 민의는 질을 중시했다고 할 수 있다. 다시 말해서, 주의주장을 애매하게 둔 수가 많은 야당을 만드는 것보다도, 입헌주의라는 약간 고풍스러운 이념을 걸고 만들어진 정당에 야당지지자는 기대를 모았다. 헌법을 중심으로 아베자민당에 명확히 대결하는 야당을 원하는 목소리가, 보수양당론을 크게 상회했다.

이것은, 소선거구에서 살아남는다는 동기만으로 야당을 규합하는 노선이 최종적으로 파탄을 맞은 것을 의미하고 있다. 금후, 정권교체를 추구할 때에는 명확한 정책을 건 야당이 선거협력을 하여, 연립정권을 만드는 노선을 취하게 된다. 에다노는 입헌민주당의 조력이 성공한 것에 자신을 얻어, 과거 민주당과 같은 정당의 합병에 의한 규모확대를 지향하지 않는 자세를 명확히 하고 있다.

희망의당에 참가하여, 총선거에서 살아남은 구舊 민진당의원은, 희망의당을 실패로 총괄했다. 그리고, 2018년에 들어서면, 희망의당에 참가하지 않았던 참의원의 민진당의원과 민진당세력의 재결집을 꾀했다. 그리고 동년 5월에 국민민주당을 결성했다. 입헌민주당은 야당 중에서는 10% 전후의 가장 높은 지지율을 유지하고 있으나, 젊은 정치가가 많고, 국회 논전이나 정책입안에 있어서는 미력했다. 국민민주당은 1% 전후의 낮은 지지율에 고심하고 있으나, 정책능력이 있는 중견 정치가가 많다. 또한, 헌법문제나 여성의 권리 등의 인권문제에 리버럴한 이념을 지닌 정치가도 포함되어 있다. 다른 한편, 연합 내의 민간 대기업 노조의 이익대표인 의원도 존재하고 있다. 이러한 정치가는 원자력발전소의 유지를 원하고 있다. 국민민주당이 무엇을 지향하는 정당인지, 명확하지 않은 것은 사실이다.

국민민주당의 이러한 애매한 성격은, 국민에게도 비치고 있다. 2019년 7월의 참의원선거에서, 국민민주당은 비례에서 3석밖에 획득하지 못했고, 실질적인 패배를 겪었다. 동당에는, 자민당이나 유신의 당과의 연계를 지향하는 정치가도 존재한다. 이 당을 묶고 있는 것은, 과거 민진당시대의 정당교부금의 저금뿐이라는 차가운 논평도 있다. 참의원선거 후, 입헌민주당과 중참양의원에서 통일회파를 짜게 되었지만, 그것은 국민민주당에 있어서 유일한 길이었다. 과거의 민주당 정권에서 목표로 한 유의의한 정책목표를 보다 설득적인 언어로 다시 정선하여 국민민주당의 유능한 중견정치가가 확대된 야당 안에서 정책논의를 주도하는 것이, 동당의 재산을 살리는 방도일 것이다.

개헌저지운동의 한계

2016년의 참의원선거, 2017년의 중의원선거, 2019년의 참의원선거에서 시민운동이 매개역이 된 야당의 선거협력이 실현된 것은, 새로운 현상이었다. 그러나, 지금까지의 야당과 시민의 공동투쟁은 큰 한계가 있다. 그것은, 공동투쟁의 목적이 개헌저지, 국회에 있어서의 개헌세력의 2/3를 타파한다는 점에 머무르는 것이다. 야당이 공동투쟁 가능한 것은 아베정권의 타도 내지는 수상이 추진하는 개헌의 저지라는 목표이다. 그러나, 아베정권을 쓰러뜨려서 어떠한 정권을 수립할지, 어떠한 정책을 실현할지에 대해서는, 명확한 합의가 없다. 입헌세력이 국회에서 1/3을 확보하는 목표라면 공유하기 쉽다.

이 점에 관해서, 55년 체제 시대의 사회당과 같은 고민을 지금의 야당도 지니고 있다. 1/3이라는 봉우리를 오르는 것은, 용이하다라고만은 할 수 없으나, 2019년 참의원에서 일단 실현했다. 그러나, 1/3이라는 봉우리를 오르더라도, 1/2이라는 봉우리와의 사이에는 큰 거리가 있다. 과거에는 사회당이 1당으로 실현했었던 것을, 지금은 여러 야당을 모아서 겨우 실현하고 있는 것이 현실이다.

지금의 소선거구라는 제도 안에서 자민당에 대항하는 규모와, 정책적 기축基軸을 지닌 야당을 만들어 내는 과제에 뛰어드는 것은, 여전히 거대한 과제다. 일견, 이율배반으로 보이는 질과 양, 다시 말해 정책적인 일관성과 정당의 규모확대를 어떻게 양립시킬 것인가. 지금 필요한 것은, 자민당과 야당 사이에 긴장감있는 경쟁을 실현하는 것이다. 긴장감있는 경쟁이란 세력의 양에 있어서 길항, 정책의 질에 있어서 맞무는 논쟁이라는 두 가지 점을 만족시키는 것을 의미한다.

세력의 양적측면에 있어서, 입헌민주당이 야당연합의 주축으로 성장하기 위해서는 혁신, 리버럴 시민만이 아니라, 아베정치에 불안·불만을 가진 온건보수층, 예전의 자민당류의 전후 민주주의를 지지했던 사람들의 지지를 모으는 것이 필요하다. 그 의미에서, 에다노 유키오 대표가 스스로 보수라 규정하는 것은 정확한 노선이다.

그것은, 정책의 질에 있어서의 논쟁의 틀의 구축에도 이어진다. 지금의 일본정치에 있어 무엇을 지킬 것인지로 큰 노선 대립을 그리는 것이 가능하다. 아베 수상은, 전후체제로부터 탈각을 지향하여, 그가 생각하는 '전통'을 지키고 싶다고 생각하고 있을 것이다. 여기에 대해서, 야당은 전후 민주주의를 지킨다는 깃발을 명확히 세워야 한다. 여기에서 말하는 전후 민주주의란, 특히 1960년대 이후의 자민당과 야당의 상호작용의 결과 정착한 노선을 말한다. 첫 번째로, 미일안보를 기조로하며 헌법의 틀 안에서 적정한 정도의 자위력을 지니고, 아시아 여러 국가들과의 우호관계를 유지한다. 두 번째로, 시장경제를 기조로하며, 어느 정도의 공평한 분배를 유지한다.

과거의 자민당의 온건파가 추구했던 것과 같은 노선의 기치를 드는 세력이, 현재의 자민당에 대항하는 것으로, 정치의 선택지가 생겨난다.

과거의 자민당 내에서 일어났던 우파와 온건파 간의 권력교체를 정당 간에 일으키는 것이 금후 있을 수 있는 정권교체의 이미지이다.

3. 포퓰리즘을 어떻게 생각해야 할 것인가

좌파 포퓰리즘을 둘러싼 논쟁

글로벌 자본주의가 무제한적으로 확산되어가는 현시점에서, 특권이나 불평등에 대한 서민의 분노를 에너지로 하는 강한 대항세력을 만들어 내어야 한다는 의논이나 운동, 다시 말해 포퓰리즘이 서구나 미국 등에서 퍼져 가고 있다. 이에 일본의 야당의 노선이나 전략을 생각하는 데 있어, 포퓰리즘이 시사하는 점을 이해할 필요가 있다.

포퓰리즘을 긍정적으로 인식하는 대표론자는, 정치학자 샹탈 무폐(Chantal Mouffe)이다. 그녀는, 20세기 후반의 민주주의에 대해서 다음과 같이 서술한다.

"(금융자본과 그것에 결부된 정치가에 의한) 소수파 지배화가 진행된 결과, 민주주의의 이념이 갖고 있는 또 하나의 지주-평등의 옹호-는, 자유민주주의의 단어에서 소멸되어 버렸다. 현재, 사회에 지배적인 것은 개인주의적인 자유주의 비전으로, 이는 소비사회와 시장이 제공하는 자유를 칭찬하고 있다."(야마모토 케이, 시오다 준 역, 『좌파 포퓰리즘을 위해서』, 아카시쇼텐, 2019년)

그녀의 비판은, 영국의 블레어정권 내지 독일의 슈뢰더정권으로 대표되는, 1990년대 후반에 서구에서 대두했던 중도좌파의 움직임을 향하고 있다. 이러한 정당은 확실히 정권교체는 실현했으나, 세계화를 이미 주어진 전제로 하여 받아들인 데에서 큰 한계가 있었다. 이에 고용의 유동화, 사회보장지출의 제약 등 신자유주의적인 정책을 답습하여, 정권교체는 표면적인 것으로 끝났다. 슈뢰더정권이 실시한 노동법제 개혁은 실제로도 경제계가 크게 환영하였다.

1990년대 이후, 글로벌자본시장이 맹위를 떨치는 가운데, 자유의 이념으로부터 시민적 자유가 깎여져나갔다. 경제적 자유, 더 말하자면 이익추구의 자유화가 중심이 되었다. 무제약적인 시장원리, 경쟁원리의 해석이, '개혁'이라 불리었고, 강자에 의한 경제적 자유의 추구의 결과, 격차와 빈곤이 확대되었다.

2010년대에는 구미 여러 나라를 우파 포퓰리스트가 석권하게 되었다. 프랑스의 국민전선, 미국의 트럼프 대통령, 영국에 있어서의 EU 탈퇴(브렉시트) 운동은, 고용의 열화, 격차, 빈곤의 확대에 대한 노동자, 중하층시민의 반발이라는 공통의 뿌리를 갖고 있다. 이러한 운동이나 정치가는, 이민배척, 여성이나 LGBT 등 소수자에 대한 차별 등, 근대적인 인권의 이념을 부정하는 언동을 반복하는 경우가 많다. 전통적인 민주주의의 입장으로부터 보자면, 이러한 운동이나 정치가는 민주주의 그 자체를 파괴로 가져가는 부정의 대상일 뿐이다. 그러나, 보이는 것만을 비춰 우파 포퓰리스트를 비난하는 것만으로는, 이러한 운동은 멈추지 않고, 경제 문제도 해결되지 않는다.

공장의 해외 이전에 의해 일자리를 잃게 된 블루컬러 노동자, 저임금의 비정규고용자로 생활에 고통받고 있는 사람들에 있어서, 세계화를 정면으로부터 비판하며 빈곤이나 격차에 마주하여 싸우려는 정당은, 우파 포퓰리즘밖에 없었던 상황이 존재했다. 그렇기 때문에, 생활에 고통받는 사람들의 요구에 화답하는 정책을 주창하는 것으로 글로벌 자본주의에 대항하는 정치적인 전선을 구축한다는 것이 무페의 전략이다.

가혹한 시장경제에 대항하여 인간의 존엄과 평등을 회복시키기 위한, 정치의 세계에 있어서 직접적인 정치행동과, 그러한 가치를 추구하는 정념을 매개로 한 새로운 연대의 맹아는 존재한다. 미국에 있어서는 버니 샌더스(Bernard Sanders) 상원의원, 영국 노동당에 있어서는 제러미 코빈(Jeremy Corbyn) 당수 등 기성의 리버럴이나 좌파정당을 내측에서부터 쇄신

하는 움직임, 스페인의 포데모스, 그리스의 급진좌파연합
(SYRIZA) 등 기성정당의 외측에서부터 나와 시민운동을 기반
으로 하는 새로운 정당 등이 있다. 이러한 좌파 포퓰리즘에
무폐는 기대를 건다.

포퓰리즘이란 무엇인가

여기에서 다시금 포퓰리즘이라는 개념에 대해서 생각해
보고자 한다. 현재의 정치가, 정치적 기득권자이든, 글로벌
자본주의의 지배자이든, 특정한 엘리트에 봉사하는 것이든,
이름 없는 무력한 일반서민을 학대하고 있다는 상황인식에
기초하여, 기성정치의 아웃사이더가 자신들이야말로 국민
(People)을 진정으로 대표하고 있다고 주장하며 그러한 서민
의 불만을 에너지원으로 하여 권력획득을 목적으로 하는 운
동, 이것이 포퓰리즘의 본질이다.

그 기원은 19세기 후반의 미국에 있어서의 민중당(Populist
Party)이다. 당시, 미국에서는 자본주의가 급속히 전개되어,
탄광업경영자층에 부의 집중이 진행되었다. 농민은 피폐했
고, 독점적인 철도회사가 설정하는 고액의 운임부담에 고통
받고 있었다. 포퓰리즘은, 그러한 농민의 불만을 에너지원으
로, 독점자본에 대한 규제를 원하는 정치운동으로서 시작되

었다. 민중당은 제3당이었으나, 민주, 공화 양대 정당에 큰 영향을 끼쳤다. 그리고, 20세기 초엽에, 독점금지법 등의 경제 규제의 실현, 정당의 민주화에 의한 기성정당에 있어서의 보스지배의 타파 등의 성과로 이어졌다.

포퓰리즘 출현 시의 미국의 경험은, 21세기의 민주정치에 있어서의 포퓰리즘의 의미와 한계를 생각하는 데에 있어 시사하는 바가 크다. 포퓰리즘은 정치의 현재 상황, 특히 불평등에 대한 이의신청을 가열차게 제기하는 것이 에너지원이 되었다. 미국사의 권위자, 리처드 호프스태터(Richard Hofstadter)는 포퓰리즘에 대해서 다음과 같이 말하고 있다.

포퓰리즘이란, 연방정부가 공공의 복지에 대해 일정 책임을 갖고 있다고 주장한 미국의 정치운동 중에서, 실제로 중요성을 지닌 최초의 것이었다. 그것은 공업의 발전이 만들어 낸 여러 문제들에 대해, 중대한 공격을 가한 운동의 효시라 할 수 있다. 포퓰리스트의 불평과 요구, 그리고 예언자적인 고발은, 많은 미국인의 가슴에 가라앉아 있던 자유주의에 대한 감정을 격앙시켰고, 또한 많은 보수주의자를 경악시켜 그들에게 유연성을 지니게 하였던 것이다. …
포퓰리스트가 우리들의 정치생활에 건설적인 요소를 더한 것은, 그 구체적인 강령에 있어서였다(『개혁의 시대』 사이토 마사야 역, 미스즈쇼보, 1988년).

126

당시 포퓰리스트는 선과 악이라는 단순한 이원론과 농본주의적 미국의 신화에 회귀하려하는 시대착오적인 한계를 뛰어넘었다. 포퓰리스트의 이의신청을 받아들여, 구체적인 정책전환을 진행하려 했던 것은, 시어도어 루스벨트(대통령), 로버트 라폴레트(위스콘신 주지사, 상원의원) 등의 정치지도자였다. 그러한 개명적인 지도자에 정책전환을 재촉한 점에 포퓰리즘의 의의가 있었다.

21세기 초두에 있어서는, 블루컬러 노동자나 비정규직 노동자가 19세기 말의 미국에 있어서의 농민에 해당되었다. 인간을 단순한 노동력으로 취급하여, 대통령이나 부유층으로의 부의 집중을 쉴 새 없이 진행하는 글로벌 자본주의에 대해, 불평등과 불공정에 대한 분노를 부딪히는 것은 정치전환의 기폭제가 된다. 그 점에서, 무페가 말한 대로, 좌파 포퓰리즘에는 큰 역할이 있다. 사람을 정치적으로 움직이기 위해서는, 정념도 중요하다.

그러나, '정의'를 필요로 하는 정념이 어떠한 방향으로 향할지 모르는 데에서, 포퓰리즘의 위험성이 있다. 본래 국민이 아니라고 생각되는 이민자나 소수민족을 사회로부터 배제하는 것이나 전통적인 도덕으로부터 일탈하는 소수파의 권리를 부정하는 것을 정의로 내세우는 데에 우파 포퓰리즘의 전략이 있다. 영국 정치학자 게리 스토커(Gerry Stoker)는, 포퓰리즘에 있어서 "자신들이 거의 알지 못한 채 기적을 일으켜준다는 일방적인 신앙 위에 성립해 있다."(『정치를 포기하지 않는 이유』, 야마구치 지로 역, 이와나미서점, 2013년)라 말하고 있다. 정치는 어디까지나 흥분을 자아내는 구경거리이며, 자신에게 만족(반드시 물적인 것이 아니라, 정서적인 것도 많다)을 가져와준다면 그것으로 좋다는 것이 포퓰리즘을 지지하는 서민감정이다.

정의正義의 정의定議를 신중히 하는 것과, 포퓰리즘의 에너지를 조달하는 것의 양립을 꾀하는 것이, 서민에 봉사하는 민주주의의 과제이다. 그때 포퓰리즘의 본래의 평등지향과 민주주의는 상호배반적인 개념이 아닐 것이다. 호프스태터가 말한 대로, 자유주의는 경제적 강자의 자유를 존중하는 것은 아니었다. 자유주의란, 모든 사람의 존엄을 평등히 존중하는 것도 의미하고 있다.

21세기의 민주주의는 평등을 갈구하는 서민감정을 받아들여, 그것을 건설적인 정책전환으로 이어가는 정치시스템이 되어야 한다. 영국, 미국의 좌파 포퓰리즘은 노동당이나 민주당이라는 기존정당에 있어서의 리더십의 획득이나 정책전환을 목적으로 하고 있다. 국정선거에서 다수를 점하기 위해서는 전국적인 조직과 많은 후보자를 가지고 있는 것이 필요하다. 또한 정권을 획득한 뒤에는 정부를 장악하는 인재와 능력이 필요하다. 역시 이러한 점에서 정당이라는 기존의 틀은 지금도 의미를 지니고 있다. 정당에 대한 시민참가를 확대하여, 광범위한 논의를 통하여 평등을 회복하는 정책을 확립하는 노선을 추구하는 것이 민주주의 재생의 길일 것이다.

19년 참의원선거와 두 신당

2019년 7월의 참의원선거에서 주목을 받은 두 신당, '레이와 신선조'와 'NHK로부터 국민을 지키는 당'에 대해서도, 이와 같은 관점으로부터 검토를 더할 필요가 있다. 야마모토 다로山本太郎가 만든 레이와 신선조는, 소비세의 감세, 폐지나 장학금 채무 소멸 등 서민에 대한 직접적인 이익배분을 주창한 점에서, 구미의 좌파 포퓰리즘에 가깝다고 할 수 있다. 이 당이 발족한지 얼마 되지 않아, 비례구에서 230만표를 획득한 것은, 새로운 서민의 편을 희구하는 국민이 다수 존재했다는 것을 시사하고 있다. 장애자, 난병질환자를 비례명부의 당선권에 두고, 자신은 뒤로 미룬 것으로, 야마모토 다로는 의석에 집착하는 기성의 정치가와는 다르다는 신뢰를 얻었다.

야마모토는 참의원의원시절, 오자와 이치로와 행동을 함께했다. 원자력발전소 폐지, 집단적자위권 행사 안보법제에 대한 반대 등에서, 야당의원의 한 사람으로서 눈부신 활약을 전개했다. 2019년의 참의원선거에서도 야마모토는 각지에서 야당후보를 응원했다. 금후, 레이와 신선조는 야당진영의 하나로서 행동할 것이 예상된다.

그러나, 연립정권을 목적으로 하여 야당협력을 진행하는 가운데 어려운 문제에 부딪힐 가능성이 있다. 연립정권의 정책구상 시에는, 아베정권의 정책을 전환하는 것이 기조가 될 것이나 어느 정도 현실성도 중시하지 않으면 안 된다. 소비세 인상을 피하는 점에서 참의원선거 때의 야당은 일치했으나, 만약 정권교체를 성공시킨 후 스스로 예산편성을 한다고 하면, 소비세 문제에서는 논의가 갈릴 것이다. 법인세, 소득세 누진과세, 자산과세의 강화까지는 야당의 주장은 일치하나, 그렇다 하더라도 재원이 부족하다면 어떻게 대처할 것인가? 레이와 신선조는, 재정적자는 문제가 되지 않는다는 신종의 금융재정론을 채택하고 있다. 그러나, 이 당은 서민의 편에 서는 순수한 정책을 내세우고 있기에, 애매한 타협은 정당으로서의 신뢰상실을 의미한다.

이 어려운 문제는, 현재 스페인에서 실제로 보여지고 있다. 2019년 선거 결과 제1당이 된 사회노동당이라는 기성의 좌파정당과, 제3당이 된 좌파포퓰리스트 정당, 포데모스가 연립협의를 반복했으나, 타협은 성립하지 않았고, 재선거를 치를 가능성이 있다(2019년 11월, 재선거가 치뤄져 2020년 1월 사회노동당, 포데모스 등을 포함한 연정이 성립되었다. 옮긴이).

소비세율을 어느 정도로 하는가를 둘러싼 의논에는 간단히 정답은 나오지 않을 것이다. 그렇기 때문에 격차의 축소와 평등의 확보, 생활보장을 위한 적극적인 재정지출이라는 기본적인 방향성을 명확히 공유한 뒤에, 실현가능한 정책을 논하는 노력에 각 당이 신경 쓰지 않으면 안 된다.

　NHK로부터 국민을 지키는 당의 경우에는 우파 포퓰리즘의 위험한 측면이 보인다. 이 당의 중심멤버에는, 과거 헤이트스피치 전개 운동에 참가한 경력을 지닌 자도 있어, 배외주의적인 사상의 영향을 받고 있다. 또한, 대표에 취임한 인물은 각지의 지방선거에서 입후보를 반복하여, 지방의원에 당선되어도 바로 그만두고 다른 선거에 나오는 일을 반복해 왔다. 말하자면, 제대로 된 의회인이라 할 수 없다. 민주주의의 상식이 이 정당에는 공유되어 있지 않다. 이번에는, NHK의 수신료제도를 단일쟁점으로 하여 강제적으로 수신료를 거두는 것에 불만을 가진 사람들의 지지를 얻었다. 금후, 차별이나 배외주의의 단일쟁점을 설정하여 새로운 배척의 표적을 거는 것으로 이 운동이 증식되어 갈 위험도 있지 않을까? 일본에서도, 민주주의의 기본적 가치가 자명한 것이 아니게 되어가고 있다는 위기감을 지니지 않으면 안 되는 시대가 되었다.

제4장

민주주의의 토대를
붕괴시킨 시장주의

이 장에서는 민주주의의 토대에 존재한 경제적 조건의 변화에 대해서 고찰하고자 한다. 20세기 후반은, 세계적인 경제성장과 일국단위의 경제정책이 더불어져, 생활수준의 지속적 향상 속에서 민주정치도 안정되었다. 그러나, 1990년대 이후, 경제적 조건은 급속히 변화했다.

전 세계적으로 시장주의적 구조개혁, 속칭 신자유주의에 기초한 경제정책이 전개되어, 그것이 민주주의의 토대를 무너뜨리고 있다. 생활의 안정은 민주주의에 불가결한 전제이다. 1930년대의 독일에서의 히틀러 독재는 대량실업과 파멸적 인플레이션의 발생 없이는 일어날 수 없는 일이었다.

일본의 경우, 경제적 토대의 붕괴가 정치의 제도개혁, 정당 재편성과 같은 시기에 일어났다. 정치기능의 축소가 개혁으로서 선전되어, 여론의 지지를 얻어가며 실현되었다. 2000년대에는 고이즈미 준이치로 정권이 신자유주의적 정책전환을 진행했다. 2009년부터 3년간의 민주당 정권하에서는 국민생활 중시의 노선이 취해졌으나, 2012년 말 이후 아베정권의 경제정책에서는 실질임금이 하락하는 와중에 대기업이나 부유층은 수익증가, 주가 상승의 혜택을 얻는 한편, 생활의 어려움이 증가되는 중위, 하위계층이 존재하고 있다.

국민이 어째서 스스로의 목을 조르는 것과 다름없는 신자유주의노선을 지지한 것인가 되돌아보고, 경제 사회에 있어서 어떻게 공공성을 재확립할지를 생각해보고자 한다.

1. 어째서 사람들은 개혁을 기대한 것인가

작은정부가 받아들여진 과정

사람이 존엄을 얻어 살아가기 위해서는, 깨끗한 물이나 공기, 교육, 의료 등이 불가결하다. 이러한 재화나 서비스는 시장원리에 맡겨서는 안 될 것들이다. 공기 좋은 주택지, 질 높은 교육이나 의료가 단순한 상품이 된다면, 자금을 지닌 사람만이 향유할 수 있고, 돈을 갖고 있지 않은 사람은 손에 넣을 수 없게 되는 격차가 생긴다. 다시 말해서, 이익추구의 동기에서 움직이는 시장원리에 맡겨서는 안 되는 공공적인 세계가, 인간이 존엄있는 생활을 누릴 수 있게 하는 데 있어 필수불가결하다.

경제학자 우자와 히로부미宇沢弘文의 사회적 공통자본의 개념이 이 설명의 열쇠가 된다. 인간이 필요로 하는 의식주에 필요한 재화와 서비스는 시장을 통해 상품으로 공급된다. 그

러나 상품으로 만들면 안 되는, 다시 말해 돈벌이의 대상으로
해서는 안 되는 재화나 서비스가 존재한다. 우자와는, ①대
기, 물, 해양이나 하천, 삼림 등의 자연환경, ②도로, 상하수
도, 공원, 공공 교통 시스템 등의 생활을 지탱하는 물적 기반,
③공적교육이나 의료 등의 사회제도를 사회적 공통자본이라
이름 붙여 이러한 공급, 관리는 만인에 대해 공평하고, 평등
하게, 공적기관에 의해 행해지지 않으면 안 된다고 주장했다.
도로, 수도, 공교육과 같이 정부가 직접 공급하는 경우도 있
고, 환경보호나 공적 의료보험제도와 같이 정부가 엄격한 룰
을 만들어 영리목적을 배제하여 안정적으로 공급되도록 감독
하는 경우도 있다.

　1990년대 말에서 20년간, 사회적 공통자본을 둘러싼 상황
은 크게 변화했다. 이 변화의 방향을 정한 것은 2000년대 전
반의 고이즈미정권에 의한 구조개혁이었다. 개혁해야 하는
구폐의 구조란 무엇이었던가, 실은 고이즈미 시대에는 단편
적인 예시는 있었으나, 체계적인 설명은 없었다. 여기서 다시
금, 낡은 구조에 대해서 정리해두고자 한다.

　90년대 초기에 버블경제가 붕괴되고, 경제의 침체가 예상
이상으로 길게 이어짐과 동시에, 전후의 경제성장을 가져왔
던 경제정책의 구조에 대한 불만이 퍼져 갔다. 90년대에 들어
와서, 정책의 실패나 관료의 부패가 이어서 터져 나왔고, 관
료들의 일하는 모습에 대한 비판이 높아졌다. 그 내용은 다음

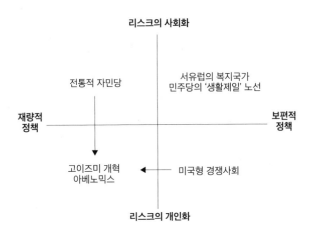

그림 4-1 정책분류와 정치세력의 위치

과 같이 요약할 수 있다.

- 필요없는 공공투자로 대표되는 것과 같이 정부에 의한 자원배분
  은 낭비가 많다.

- 행정의 과정이 불투명하고, 감독관청과 업계의 유착 및 기득권이
  만연하기 쉽다.

- 다양한 규제로 인해 자유로운 경제활동이 속박 당한다.

- 관료는 틀리지 않는다는 무류성 신화 속에서, 시대착오적이거나
  잘못된 정책이 수정되지 않는다.

- 관료조직은 종적관계로, 관청의 세력범위를 넘어서는 문제에 대
  해 대응할 수 없다.

필자가 15년 전부터 사용해 왔던 도식을 사용하여, 이러한 문제를 정리해보았다(그림 4-1).

  전후 일본의 사회경제정책은, 재량적 정책에 의한 리스크의 사회화가 특징이었다고 할 수 있다. 자민당 정권은 시장경제를 옹호했으나, '국토의 균형있는 발전'이라는 슬로건하에, 특히 공간적인 의미에서의 평등을 추구했다. 그러한 의미에서, 빈곤, 실업 등의 리스크를 사회 전체에서 부담하는 것이 가능했다. 이 점에서, 자유방임의 미국형 경제모델과는 다르다. 그때의 정책수단은, 사회보장과 같은 제도에 기초한 보편적인 재분배가 아니라, 관료가 권한을 행사하는 공공사업 보조금, 행정지도에 의한 업계보호가 중요한 의미를 지니고 있었다. 이 점에서, 보편적인 사회보장에 의해 리스크의 사회화를 실현한 서구형의 복지국가와는 달랐다.

  이 구조가 1980년대까지는 기능하여, 지역격차를 축소하고 지방에서의 고용을 창출하여, 총 중류사회를 만들어 내는 데에 공헌했다. 그러나, 재량적 정책에 뒤따르는 폐해도 80년대 말부터 90년대에 명백해졌다. 정책에 의해 수익을 받는 측은 관료의 재량에 의존하기 때문에, 관료조직과 지방이나 민간과의 관계는 상하 지배복종관계가 된다. 거기에 권위주의가 만연한다. 이것이 무류성신화나 종적주의를 가져오는 요인이 되기도 했다. 또한, 그 실시과정은 불투명하여 부패의 온상이 되기 쉽다. 정부, 관청, 기업의 유착구조를 형성한 것이다. 또한, 정치적인 압력에 의해 재량이 좌우되기 쉬워, 정치가의 아전인수적인 경쟁을 조장했다. 기본적인 인프라가 정비되어 감에 따라, 공공투자의 한계효용은 저하했다. 경제적인 효과를 무시한 필요없는 공공사업이 눈에 띄게 되었다.

이러한 폐해는, 1990년 전후로부터 대규모의 오직汚職, 무의미한 공공사업, 업계의 기득권이라는 형태로 가시화되었다. 그 때문에, 90년대에 개혁을 원하는 여론이 높아진 것도 당연했다. 그 시기의 권위주의나 부패를 타파하기 위해서는, 재량적 정책의 개혁이 필요했던 것이다. 정보공개, 지방분권과 시민참여에 의한 이익분배나 이해조정의 과정을 투명화하여, 공정한 정책형성을 꾀하는 것이야말로, 진정한 개혁과제였다. 물론, 90년대 행정개혁 중에서 정보공개법이나 행정절차법이 정비되어, 행정의 민주화는 어느 정도 진행되었다.

그러나, 90년대 후반으로부터 2000년대에 걸쳐서, 하시모토 류타로정권, 고이즈미 준이치로정권은, 리스크의 개인화를 개혁의 테마로서 추구했다. 그림 4-1의 도식에 맞춰보자면, 재량으로부터 보편으로 가는 우방향으로의 개혁이 아니라, 리스크의 사회화로부터 리스크의 개인화로라는 하방향의 벡터가 개혁의 방향성이 되었다. 정부의 활동을 축소하고, 시장 원리에 의해 공공적인 서비스를 제공하는 것, 뒤집어 말하면 자기책임으로 살아가는 것을 사람들에게 강제하는 것이 개혁이 되어, 이것에 반대하는 자는 수구파라 공격받았다. 관료제의 실패가 차례차례 드러나는 중에, 정부에 의한 공공성의 실현이라는 이념 그 자체에 대한 냉소주의(cynicism)가 만연했던 것이, 시장주의적인 개혁이 수용된 것의 최대 원인이었다.

단지, 규제완화, 민영화라는 신자유주의적인 개혁은, 정치의 힘과 무관한 자유경쟁을 실현하는 것은 아니었다. 다나카 다케시타파 형의 이익배분은, 예산과 공공사업, 보조금을 매개로 하여 정치가나 관료가 직접적, 구체적으로 관여한 것이었다. 이에 비하여, 고이즈미정권하에서 진행된 신자유주의적 개혁은, 룰의 변경에 의한 강자로의 이익배분이었다. 시장 시스템이란, 소유권의 보장으로부터 시작되는 다양한 룰의 다발이다. 룰은 정치에 의해 결정된다. 20세기에 있어서 노동력이라는 특수한 상품은, 그것이 인간의 신체, 생명과 불가분한 점에서부터, 일반적인 재화와는 다른 룰의 하에서 거래되었다. 노동관계의 규제가 그것이다. 21세기에 들어서 경영자는 노동력의 보호가 이익추구에 있어 굴레가 되기에, 규제완화를 원했다. 과거에는 정부에 큰 영향을 끼쳐, 정부의 심의회의 주요한 지위를 점해, 아전인수로 예산을 탈취했던 데에 비하여, 신자유주의적 개혁을 추진한 경영자와 그 파트너인 정치가는 아전인수로 룰을 자기들에게 유리하도록 바꾸었던 것이다. 그 룰을 따라 흐르는 부가 증가하면, 그것은 정당한 거래의 결과처럼 일반 사람의 눈에 비치게 된다. 그림 4-1에서 고이즈미개혁을 재량적 정책의 리스크의 개인화에 위치시켜둔 것은, 이와 같은 정치와의 결부성 때문이다.

자민당정치에 대해 비판적이었던 진보파 미디어인 아사히신문이나 마이니치신문도, 하시모토정권으로부터 고이즈미정권까지의 10년간, 다나카-다케시타파 계열의 이익배분정치에는 극히 부정적이었다. 보편적인 제도에 기초한 재분배를 확충시켜 리스크의 사회화를 추진해야 한다는 문제의식도 희박했다.

그리고, 이러한 여론은, 야당에도 큰 영향을 끼쳤다. 2000년대에 야당 제1당이었던 민주당은, 아사히신문의 논조와 같이, 족의원이나 관료의 기득권을 공격하는 것에 열심이었고, 낭비가 많은 공공사업의 폐지를 공약으로 했다. 또한, 업계보호를 위한 호송선단방식의 규제에도 부정적이었다. 따라서, 고이즈미정권의 탄생에 의해 민주당은 여의주를 빼앗긴 형국이 되었다. 민주당 내에서는 서구의 사회민주주의에 공감하는 정치가도 있었으나, 당 전체가 사회민주주의노선을 채택하기 위해서는, 신자유주의적인 정치가의 실각을 기다리지 않으면 안 되었다.

2009년 정권교체로 집권한 민주당은 고교수업료 무상화, 자녀수당, 농가호별 보상 등 보편적 재분배 정책을 개시했다. 그러나, 이러한 정책은 자민당에 의해 선심성 정책이라 비판받았다. 현대의 정부는 정도의 차이는 있지만, 큰 정부로서,

정책으로부터 혜택을 받는 사람들 이외의 집단이 부담하는 세금을 사용하여 다수의 국민에게 다양한 재화나 서비스를 제공하고 있다. 어떤 의미로는, 정부의 재분배정책은 모두 선심성 정책이라 얘기해도 괜찮을 정도이다. 자민당으로부터의 선심성 정책 비판에 대해서도, 자민당은 재량적으로 불공정한 선심성 정책을 베푼 데에 비해서, 민주당은 보편적인 제도에 입각하여 공명정대하게 선심성 정책을 폈다고 말하면 충분했을 것이다. 그러나, 민주당으로부터 그와 같은 반론은 들을 수 없었다. 사회민주주의적인 재분배의 이념이 민주당에 뿌리를 내리고 있지 않았던 것이 여기에서 명확히 보여졌다.

아베노믹스의 공식-'재량+규제완화=이권'

제2차 아베정권의 경제정책은 아베노믹스라 불리고 있다. 그 기둥들 중 하나가 성장전략이나, 성장을 촉진하여야 할 규제완화는 고이즈미정권시대의 그것보다도 철저하게 재량적으로, 새로운 이권을 만들어 내고 있다. 아베 수상은, 어떠한 암반규제도 아베정권의 개혁의 드릴을 벗어날 수 없다고 호언했다. 암반규제로 의료, 농림어업, 교육, 고용 등의 분야의 규제가 거론되었고, 또한 암반규제를 부수기 위한 정책수단으로써, 국가전략특구라는 제도가 자주 사용되었다. 특구란, 경제활동에 관한 법률의 규제를 지역한정적으로 해제하여, 신규 비즈니스의 참가를 가능하게 하는 제도이다.

그 특구의 실태를 마이니치신문이 2019년 6월에 분명히 밝혔다. 특구의 인정과 운용을 관리하기 위해 워킹그룹(WG)이 설치되었다. 보도에 의하면, 그 중심적인 위원이 관여하는 회사가, 특구를 신청하는 기업에 컨설팅을 행하여, 특구신청의 자문역으로서 보수를 받고 있었다. 신청자로부터의 요망을 듣는 회합은 WG에 의한 사정 청취의 자리로 위치하고 있음에도 불구하고, 그 정보는, 공개되지 않은 채, 위원에는 보수가 지급되어 왔다. 구체적으로는, 어업법의 규제완화를 통해 진주 양식을 해금해 주었으면 하는 회사로부터 요청을 받아, WG는 수산청에 규제완화를 강요했다. 이렇게 어업의 지속가능성을 확보하기 위한 어업법이 규제완화의 대상이 되었다. 이해관계자에 가까운 자가 심사에 관여하여, 정책결정 자체를 행하는 구도이다.

특구에 따라 정부에 가까운 자에게 특별한 은혜를 가져다주는 수법은, 가케학원에 의한 수의학부신설에서도 보여진다. 문부과학성 방침상 수의학부의 신설에는 엄격한 제약이 걸려 있었다. 아베정권은 에히메현 이마바리시의 수의학부 설치를 위한 특구신청을 인정하고, 가케학원에 인가를 부여했다. 암반규제의 타파라 말해가며, 연고주의에 의한 이권의

제공이 횡행했던 데에 아베정권에 의한 규제완화의 특징이
있다.

2. '선택과 집중'이 당도한 곳

원형으로서의 국철분할·민영화

일본적 재분배가 관료의 권익의 근원이 되었다는 비판은, 90년대 전반부터 관료의 위신이 급속히 저하된 데 의해 급속히 퍼져 갔다. 이러한 문제를 시정하려 할 때에 접근법은 두 가지가 있다. 첫 번째는, 공정한 사회의 실현이나 인권의 확보를 위해 정부가 일정 역할을 행하는 것이 필요하다는 전제에 입각하여, 관료제의 특권성이나 폐쇄성을 수정하는 발상이다. 이것은, 관료제의 민주화라 부르는 것도 가능하다. 또 하나는, 원래부터 정치에 권력이나 자금을 가져오면 유해한 데밖에 쓰지 않는다는 성악설에 입각하여, 정부와 시장의 경계선을 다시 그어, 시장의 역할을 확대한다는 발상이다. 이것은 공공정책의 시장화라 부르는 것도 가능하다.

2000년대에는 후자의 시장화형의 개혁이 진행되었으나,

그 원형은 1980년대의 국철분할·민영화였다. 이 정책은, ①철도운송이 대도시에서도 지방에서도 같은 운임으로 이용가능한 유니버설 서비스인 점을 부정하고, ②전국일원의 네트워크성을 차단하고, ③분할된 지역의 철도회사가 각각 자유로이 이익을 추구하는 것을 정당화하여 그 결과 생기는 격차도 당연하게 인정하는 것이 본질이었다.

원래부터 국철은, 메이지 이래, 국방과 지역개발이라는 정책적 관점으로부터 노선건설을 진행해 왔다. 전후에도 지역개발이라는 국책은 이어져, 채산성은 도외시되어 왔다. 도로만큼 조밀하지는 않더라도, 지방의 이동수단을 보호한다는 관점에서 적자노선도 유지되어 왔다. 그리고 전후戰後, 순 국영으로부터 공공기업체로 이행했을 때에도, 신칸센이나 대도시권의 노선에서의 흑자로 적자를 벌충하여, 전국적인 경영체를 유지하는 방식이 유지되었다.

그러나, 지역분할은, 그러한 네트워크성을 부정하고, 대도시권의 노선으로부터 지방의 적자노선으로의 내부원조를 중단시키는 것을 의미했다. 이것은, 지역의 철도회사 사이에 큰 격차를 가져왔다. 수도권이나 오사카권을 관할하는 회사에 있어, 민간기업이 되어 과소지를 담당할 필요가 없어진다면, 이익추구의 기회는 크게 확대되게 된다. 한편, 홋카이도나 시코쿠 등, 인구밀도가 낮고, 처음부터 철도사업에 의해 이익이 나지 않는 지역의 회사는, 무언가 경영적인 보조가 없이는 회사로서 존속할 수 없게 된다. 국철분할 민영화 시에, 홋카이도, 시코쿠, 큐슈 3사에 대해 경영안정기금이 설치되어 그 운용이익으로 적자를 보전하도록 하는 틀이 만들어졌다. 그러나, 90년대 이후의 저금리 상태에 수반하여, 홋카이도, 시코쿠는 만성적인 적자에 고심하게 되었다. 당초 안정화 기금이라는 제도가 의지했었던 일정 수준의 금리라는 전제조건이 없어졌음에도 불구하고, 국가는 이러한 회사들에 대해 냉담한 태도를 보였다.

한편, 동일본, 토카이, 서일본 3사는, 신칸센, 대도시권의 노선이라는 흑자노선을 지녀, 대도시권의 광대한 토지를 소유한다는 이점도 있어 철도사업뿐 아니라, 부동산업, 호텔업, 상업시설의 전개 등으로 비즈니스를 확대해 큰 이익을 얻게 되었다. 이 혼슈 3사의 성공만을 가지고, 국철분할 민영화는 성공한 개혁이라는 국민적 이미지는 정착되었다.

지방자치체의 고경苦境

2000년대에 폭넓게 전개된 공공 영역의 개혁은, 국철분할 민영화와 같이, 보편적 서비스(universal service)의 부정, 네트워크의 차단, 자기책임에 의한 격차의 정당화라는 특징을 지니고 있었다. 특히, 지방자치체, 국립대학의 개혁이 그 전형적인 예였다.

지방자치체는 보건위생, 의무교육, 상하수도 등의 생활에 필수적인 공공서비스를 보편적 서비스로서 제공하는 것을 임무로 하고 있다. 그리고, 이를 위해서 자기부담의 재원이 부족한 비非대도시권의 지방자치체에 대해서는, 다양한 재원 이전이 행해져 왔다. 그러나, 2000년대에는 지방자치체, 특히 기초자치체에 큰 정책변화가 덮쳐왔다. 먼저, 정책능력을 강화한다는 명목하에, 시정촌합병市町村合倂이 추진되었다. 이는, 지방자치체 행정의 능률화를 촉진한다는 목적하에 널리 확산되었다. 그러나 역으로 보자면, 직원職員, 의원議員의 수를 삭감하는 것을 수반하는 것으로, 지방자치체 사무소가 지역에 있어 최대의 고용원인 인구 과소지에 있어서는, 경제적 수요의 쇠퇴를 가속시키는 정책이었다.

또한, 2000년대 중반에는, 지방교부세가 대폭 삭감되었다. 지방교부세란, 주로 대도시지역의 부로부터 징수한 국세의 일부를, 세수가 부족한 지방자치체에 일정한 공식에 따라 분배하는 제도이다. 지방자치체가 전국 일원의 네트워크인 것을 전제로, 보편적 서비스를 실현하기 위해서 보장된 재원이라 말해도 좋겠다. 그러나, 고이즈미정권은 지방분권, 삼위일체개혁의 이름하에 교부세를 대폭적으로 삭감했다.

이 시대의 분권은, 과소지에는 궁핍화하는 '자유'를 부여한 반면, 도쿄를 중심으로 한 대도시권에는, 대규모 개발에 의해 이익을 추구하는 자유를 부여했다. 특히 도쿄에서는, 고급 빌딩 건설을 핵으로 한 재개발사업이 이어져 버블 재래 현상이 나타났다.

2008년에는 소위 후루사토납세(고향납세) 제도가 시작되었다. 이것은 납세자가 납세할 지방자치체를 선택하여 기부를 하면, 주민세율이 10%인 소득계층의 사람에 대하여 기부금액으로부터 2,000엔을 뺀 금액을 주민세로부터 공제하는(공제액은 기부자의 소득에 따라 다르다) 제도이다. 이 제도는, 시정촌이 주민 이외의 사람들로부터 기부금을 모으기 위해서 고가의 답례품을 보내는 경쟁을 불러왔다. 이것도, 지방자치체 간에 경쟁원리를 가져 온, 세수를 모으는 것을 지방자치체의 자조 노력에 맡기는 정책이라 할 수 있다.

더 나아가, 2014년부터는, 아베정권의 요란한 선전과 함께 지역정책, 지방창생사업이 시작되었다. 이것은, 지방교부세와 같이 자동적으로 지방자치체에 교부되는 재원이 아니라, 지방자치체가 기획을 세워서 국가에 신청하여, 심사를 거쳐 채택된 지방자치체에 대해서만 교부되는 자금이다. 민간의 '자치체 클릭'이라는 사이트에서는, 다음과 같이 설명하고 있다.

이 교부금은 지방자치체가 책정한, 지방활성화 사업에 관한 목표수치를 지방자치체 스스로가 설정하여, 그것을 국가가 조사하여 구체적인 교부금액이 결정되는 구조입니다. 그리고, 사업의 진척상황을 국가나 지역 주민이 검증하는 것으로 사업의 재검토나 교부금의 내용이 변경되는 경우도 있습니다. 사업의 진척 상황의 검증은, 'KPI(중요 실적 평가 지표)' 및 사업 활동의 관리 업무를 원활히 진행하는 수법인 'PDCA 사이클'의 확립을 촉진시키는 효과도 있습니다(https://clip.zaigenkakuho.com/chihososei_koufukin_yoken/).

그리고, 교부금의 내용에 대해서는, 다음과 같이 설명하고 있다.

지방 창생 추진 교부금의 지원대상은, 크게 나누어 '선구 타입', '횡전개 타입', '애로타개 타입'의 3가지 타입이 있습니다. 선구 타입이란, 자립성, 지역 간 연계, 정책 간 연계, 민관협동 등의 모든 요소를 포함한 사업으로, 기간은 5년 이내입니다. 교부금액은 하나의 사업에 대해 국비 2억 엔으로 사업비 베이스로 4억 엔입니다. 횡전개 타입은, 선구적인 우량사례의 횡전개를 꾀하는 것에 의하여 지방창생을 깊게 파고드는 것으로 저변을 넓히는 것이 사업의 정의입니다. 기간은 3년 이내로, 교부되는 금액은 한 사업당 국비 5천만 엔으로 사업비 베이스로 1억 엔입니다. 애로타개 타입은, 기존 사업의 틈새를 발견하여 타파하기 위한 사업으로, 기간은 3년 이내, 교부금액은 한 사업당 국비 5천만 엔, 사업비 베이스로 1억 엔입니다(https://clip.zaigenkakuho.com/chihososei_koufukin_yoken/).

말하자면, 일반재원이 줄어들어 있는 지방자치체에서 한 건당 일억 엔 정도의, 지방자치체에 있어서는 그다지 많지도 않은 자금을 위해 기획을 생각하고 '창의공부'을 짜내지 않으면 안 된다. 비슷한 상황에 놓인 가난한 지방자치체가 얼마 안 되는 예산을 둘러싸고 경쟁으로 몰아넣어지고 있다. 상기의 설명에 있듯 본래 보편적 서비스여야 할 공공서비스는 효율화에 익숙하지 않은 경우가 많다. 그것을 무시하고 수치목표를 강조하게 될 시 폐해를 불러온다. 이에 대해서 다음에 거론하고자 한다.

대학의 고경苦境

대학도 지방자치체와 같은 상황에 빠져 있다. 대학 진학률이 근년 상승하여, 약 50%까지 상승하였으나, 대학교육은 의무교육과는 다르게, 보편적 서비스가 아니다. 그렇다 하더라도, 전후의 대학교육 개혁 시에 적어도 각 현에 한 개의 국립대학이 설립되어, 전국 어디에서든 국립대학에서 교육을 받을 수 있는 기회가 열렸다. 2000년대의 공무원 삭감의 일환으로, 국립대학은 2004년에 독립법인으로 이행했다. 이 정책의 목적은, 대학에 대한 정부의 컨트롤을 약하게 하여, 각 대학의 주체성을 강화하고, 자유, 활발한 연구, 교육의 쇄신에 힘을 기울이는 점에 있다고 했다. 그러나, 국립대학시절의 안정적인 재원이었던 기반교비라는 개념은 없어지고, 대학은 정부로부터 급부되는 운영비교부금과 수업료 수입 및 기부나 사업수입(주로 지적재산의 활용이 상정됨)에 의해 경영하게 되었다.

그러나, 운영비 교부금은 2004년도부터 효율화 계수를 정하여, 매년 1%씩 10년에 걸쳐 삭감되어 왔다. 이것은, 지방자치체에 대한 지방교부세의 삭감과 같은 성질의 정책이었다. 과거에는, 유력한 졸업생, 동창회나 대기업과의 커넥션을 지니지 않는 지방대학에 대해서도, 교원이나 학생의 정원에 비례하여 연구, 교육을 행하기 위한 기본적인 예산은 계상되어 있었으나, 법인화 이후로 그것은 보장되지 않게 되었다. 이렇게 되자, 대학은 자조 노력에 의한 재원확보에 쫓기게 되었다. 운영비 교부금을 삭감하는 한편으로, 문부과학성은, 과학연구비를 시작으로 하는 경쟁적 자금의 메뉴를 준비하여, 각 대학, 연구자에 기획을 시켜 '창의공부'를 짜낼 것을 요구했다. 참으로 지방창생의 대학판이라 할 수 있다.

이 구조는, 의욕과 능력을 지니는 연구자, 연구기관에 자원을 집중하는 것으로 연구교육의 성과를 높인다는 '선택과 집중'의 노선에 따른 것이다. 그러나, 폐해는 극히 크다. 경쟁적 자금은 길어도 5년을 단위로 하기에, 연구자는 항상 자금획득을 위한 기획의 입안에 쫓기게 된다. 또 하나는 본래 연구기관에서 운용해야 하는 젊은 연구자를 기한 한정의 연구비로 고용하는 것이 일반화되어, 젊은 연구자의 대우가 현저하게 악화되었다. 또, 기초적인 연구보다도, 산업기술 등에 응용가능한 분야만이 주목받게 되어, 학문분야 간의 밸런스가 무너졌다. 그리고, 예산부족에 허덕이는 대학 중에는, 도서비의 삭감, 인건비의 삭감 등에 발을 뻗기 시작한 곳도 늘어났다. 인류의 지적유산을 잇는 대학의 역할을, 21세기의 일본은 국책으로서 부정하려 하고 있다.

이익, 효율추구가 가져온 본말전도

비슷한 일은, 농업의 세계에서도 일어나고 있다. 농업의 기본적인 사명은, 국민에 식량을 공급하는 것이다. 그러나, 아베정권하에서는 수익성이 높은 농업이 높게 평가되고 있다. 개당 수만 엔이나 하는 망고를 만드는 농가를 입을 모아 찬양하는 한편으로, 기간적基幹的인 곡물의 생산은 경시되고 있다. TPP(환태평양 파트너십 협정)나 FTA(자유무역협정)를 추진하는 노선, 더 나아가 트럼프정권에 의한 농산물수입 확대요구에 응하려는 자세가 보여주는 대로, 저렴한 외국산 곡물을 수입하면 된다는 것이 아베정권의 정책이다. 또한, 아베정권은 수도법을 개정했다. 지방자치체가 안정된 기반에서 확실히 물을 공급하는 것보다도, 수도사업의 운영을 수탁한 민간기업이 물을 팔아서 이익을 추구하는 것을 우선시하는 것이다.

철도, 지방자치체, 국립대학 세 분야에서, 선택과 집중, 다시 말해 벌 능력에 대한 자유의 확대, 벌 능력이 없는 것의 도태라는 노선 끝에, 업적평가를 행하는 것(JR은 주주와 시장, 지방자치체와 대학은 중앙정부)에 대해 좋은 점수를 받는 것에 담당자는 부심하게 되었다. 이에, 본래 업무에 불합리한 일이 전가되게 하여 오직 평가받기 위한 신기한 기획에 에너지를 투입하게 되는 도착倒錯현상이 일어나고 있다.

반복해서 말하지만, 공공기관의 업무는 어느 의미에서 루틴업무이다. 신기함이 없는 것이다. 대학에서는, 인류의 지적유산을 계승하여 젊은이를 지적으로 키우는 것이 교육의 목적이다. 지방자치체에서는 주민이 필요한 공공서비스를 안정적으로 제공하는 것을 제일의 임무로 한다. 그리고 이러한 루틴을 반복해가며 유지하는 것의 의의를 부정하는 것이 신자유주의에 의한 공공부문을 향한 공격의 특질이다.

철도회사는 지역주민에게 저렴한 이동수단을 제공하는 것이 본연의 임무이다. 그러나 주식상장에 성공하여 민영화의 우등생이라 말하는 JR큐슈의 예를 보면 알 수 있듯이 이익을 높이기 위해서는 본래의 철도사업을 축소시켜서, 부동산, 토지개발, 호텔 등의 사업을 확장하는 것이 합리적인 경영전략이 될 것이다. 정작 철도사업에서는, 지역주민을 위한 재래선의 편수를 감차시키거나 역의 무인화를 진행하는 한편으로, 부유층용의 관광전용 초호화열차의 운행이 인기를 얻고 있다. 또한, 재해로 철도노선이 파손되면, 그것을 기회로 삼은 JR이 복구공사를 거부하여, 그대로 적자 노선을 폐지로 몰아간 사례도 몇몇 존재한다.

선택과 집중이라는 국책은, 선택되지 않은 자가 도태되는 것을 당연시하고 있다. JR홋카이도가 그 전형적인 예이다. 동사同社는, 경영안정기금의 운용이익이 거의 기대되지 않는 상태가 지속되는 동안, 보유하고 있는 노선의 4할 가까이에 대하여 경영을 유지하는 것이 불가능하다는 충격적인 보고서를 내놓았다. 제로금리의 시대가 이어지는 이상, 경영안정기금을 보전하는 공적자금의 투입이 없으면 JR홋카이도라는 회사는 존속될 수 없는 것은 당연하다. 그러나. 정부는 2018년 7월, 잠정적으로 2년에 400억 엔 정도의 자금을 지원하는 것과 동시에, JR회사법에 기초하여 감독명령을 내려, 재건을 위한 개혁을 요구했다. 적자를 가져오는 구조적인 원인을 무시하고 자조 노력을 원하는 것은, 단순한 정신론이다. 지금의 정부는 역경에서 공공서비스를 제공하는 주체에 대해, 병참없이 싸우라고 명령하고 있다. 참으로 임팔 작전(제2차 세계대전 와중에 버마주둔 일본군이 병참부족에도 영국령 인도 임팔을 침공하여 막대한 전상자를 낸 작전. 옮긴이)을 입안, 지휘했던 일본육군과 같은 모습이다.

3. 만연하는 관료주의와 무책임

관료주의의 병리와 신자유주의의 친화성

비용 삭감과 경쟁원리를 기본적 추진력으로 하는 개혁의 알맹이와 귀결을 이와 같이 정리하면 하나의 의문이 떠오른다. 원래 개혁은 관료조직의 폐해를 고치기 위해 행해진 것이다. 개혁이 나팔불고 있는 키워드에는, 자립, 자기결정, 자치 등 위에서부터의 관료지배를 부정하는 말이 담겨져 있다. 그러나 실제로는, 상급관청으로부터의 평가를 잘 받기 위한 작문경쟁에 지방자치체 직원도, 대학 직원도 모두 몰두하고 있다. 형태가 훌륭한 기획서가 만들어진 반면, 본래 업무가 열화되고 있는 것은, 과거로부터 있어 온 관료주의의 병리 그 자체이다. 관료주의를 부정하기 위한 신자유주의적인 개혁은, 어째서 관료주의의 병폐를 한층 더 더하게 한 것인가?

신자유주의적 발상에서는, 일을 평가할 때에, 구체적으로 수량적인 목표를 설정하고, 그것에 비추어 직원의 업적을 평가하게 된다. 또한, 사회의 후생은 이익, 더 나아가서는 GDP의 크기로 측정된다. 관료주의를 배제한다고 말하면서, 공공섹터의 조직에 이러한 관리수법을 도입하게 되면, 종래 정성적인 평가를 받아왔던 공공서비스나 연구, 의료 등의 활동에 있어서도 수량적인 평가기준이 적용된다. 주관성이나 정성적인 요소를 배제한다는 발상으로 조직이나 사람의 행동을 평가하면, 본래 의사疑似적인 평가척도가 실체적인 척도로 변질된다. 의무교육을 실시하는 학교에 있어서의 교육의 성과는 학력테스트의 평균점으로 측정되고, 박물관이나 미술관의 존재 이유는 관객 동원 수로 평가된다.

이와 같이 정량적, 객관적인 평가기준의 설정이라는 점에서, 신자유주의는 관료제의 병리의 하나인 '목표의 전이'와도 결부된다. 목표의 전이란, 관료조직에 있어서 본래의 정책목표가 등한시되어, 수단이 목표가 되는 병리현상이다. 예를 들면, 일본의 통상산업성, 경제산업성이 추진해 왔던 에너지 확보라는 정책에 있어서 원자력발전은 하나의 수단이었으나, 언제부턴가 원전의 유지·확대가 목표 그 자체가 되어 버렸다. 그리고, 송전선이 빈 것이 없다고 말하며 기존의 전력회사가 재생가능한 전력의 송전을 거부하는 사례에서 보이는 것과 같이, 원자력발전의 지속을 막지 않도록 재생가능한 에너지에는 불리한 조건이 부가되었다. 이런 류의 목표의 전이는 일일이 열거할 수 없을 정도이다.

신자유주의는 수치화, 더 나아가서 금전으로 환산되는 것이야말로 가치의 전부라는 오만한 단순화를 지니고 있는 한편, 관료주의는 간결한 목표가 오로지 자신에 있어 전부라는 나태한 단순화를 기조로 하고 있다. 동기는 각각 다르나, 의사疑似적인 목표를 위해서 매진하는 것을 인간에 요구하는 점은 같다. 어느 쪽의 발상이든, 지금 이 순간에 눈앞의 목표를 최대한도로 달성하면 높은 평가가 얻어진다. 따라서 자신들이 소속되어 있는 시스템의 유지 가능성이나 사회에 대한 영향은 전부 도외시하게 된다.

2019년 7월 우정민영화의 결과 생겨난 간포생명かんぽ生命에서, 직원이 목표물량 달성을 위해 주로 고령자 고객을 속여서 불리한 계약을 밀어붙였던 악습이 널리 퍼져 있었던 점이 명확히 드러났다. 또한, 우체국은행에서도 저금이 모이더라도 운용처가 없기에 고령자를 상대로 강제로 투자신탁을 강매한 것이 명백해졌다. 우정민영화는 고이즈미에 의한 신자유주의적 개혁의 상징이다. 그렇다면 민간기업의 발상에 의해 관료주의의 악폐를 타파했어야 했을 것이다.

그러나, 실제로 일어난 것은 이익추구라는 동기에 의해 한층 가속화된 관료주의의 악폐였고, 의사疑似목적을 달성하기 위해서는 고객에 손실을 끼쳐도 태연해지는 도덕의 붕괴는 퍼져 가고 있다.

이러한 병리의 연원淵源을 생각하는 때에, 힌트가 되는 것이 고쿠분 고이치로國分功一郞의 의논이다(오오타케 코지, 고쿠분 고이치로, 『통치신론-민주주의의 매니지먼트』, 오타출판, 2015년). 그는, 경영학자 피터 드러커의 의논을 소개하며, 국가가 해야할 일을 단순한 신자유주의의 모델로 환원하는 형태의 어리석음을 지적하고 있다. 드러커는 국가의 매니지먼트의 필요성을 주장했으나, 그것은 단순히 정부의 역할을 줄여서 시장에 맡긴다는 이야기가 아니었다. 드러커의 의논의 중요성은, 국가의 매니지먼트를 '효율성(efficiency:재화 서비스의 생산을 둘러싼 투입과 산출의 비율)'이 아니라, '유효성(effectiveness:목표치에 대한 정책의 실적치의 비율)'으로 생각한 점에 있다. 드러커는, 신자유주의적인 발상은 '경제합리성'의 미명하에, 유효성이 아니라, 효율성만을 생각하고 있는 것에 문제가 있다고 지적하고 있다.

정부가 개혁을 할 때에 효율성의 향상만을 지향한다면, 투입에 걸맞는 높은 산출을 추구가능하리라고는 단정할 수 없다. 특히, 정책에 투입할 수 있는 자원이 제약되어 있는 경우, 오히려 정책자체를 축소시켜, 투입에 걸맞도록 산출을 삭감하는 것으로 외관상의 효율성만 유지하는 안이한 방법이 채용되는 일이 많다. 여기에서 중요한 것은, 개혁의 목표로서 유효성을 잘 위치시켜 두는 것에 있다.

드러커가 국가의 매니지먼트에 있어서의 유효성을 중시한

것도, 국가가 다해야 하는, 내지는 국가가 아니면 다할 수 없는 목표를 달성하기 위해서, 목표를 얼마나 적절히 효율적으로 실현할 것인가라는 관점으로부터이다. 정책을 입안, 실시하는 체제를 개혁할 때에, 유효성만을 목표로 한다면 높은 목표를 향해 무한한 자원을 투입하는 병리도 일어날 수 있다. 자원 제약하에서는 효율성도 무시할 수 없다. 효율성만을 추구하여, 싸게 먹히는 빈약한 정책을 실현하는 것이 아니라, 유효성도 중시하여, 본래의 정책목적을 달성하기 위한 효율화를 생각하는 것이, 개혁의 이상理想이다.

작은정부와 무책임한 정부

신자유주의적 구조개혁에 의해 정부의 역할을 축소해가는 것과 병행하여, 정부의 열화가 진행되었다. 정부란 시장이 가져오는 폐해나 모순을 수정하기 위해 존재하는 것이다. 그러나, 2000년대 이후, 시장에 있어서의 경제활동의 결과는 옳고, 정부가 이것에 개입하는 것은 그르다고 생각하는 풍조가 강해졌다. 이렇게 되면, 정부는 세상의 문제로부터 눈을 돌리고, 책임회피를 꾀하게 된다.

일본의 권력기구의 본질을 '무책임의 체계'로 특질 지은 것은, 마루야마 마사오이다. 그는, 만주사변 이후의 일본정부가 전쟁으로의 길로 뛰어든 과정을 분석하여, 주체적인 정책을 입안, 결정한 당사자가 어디에도 없고, 이미 일어난 사실이 중첩되어 조직의 공기에 역행할 수 없었다는 자기규제가 만연하는 중에, 무모한 정책이 형성되어, 전쟁의 늪에 빠지게 되었다는 지적을 하고 있다.

이 병리를 나의 말로 정리하자면, '현실로부터의 도피'와 '권한의 한정'의 두 가지 태도가 무책임의 체계를 구성하고 있다고 하겠다. 사회에서 '엘리트'라 불리는 사람들은, 현실을 있는 그대로 보는 것이 어렵다. 높은 학력을 가진 정부나 대기업의 지도적 위치에까지 오른 사람들에 있어서는, 현실을 정확히 인식하는 것은 금전이나 권력을 포기하는 위험으로 이어질 수도 있으니 그러한 것이다. 그것은, 쇼와昭和의 전쟁 시기(중일전쟁에서 제2차 세계대전 패전(1931-1945)까지의 시기를 말한다. 옮긴이)에서도, 현대일본에서도 같다. 전후(여기에서 말하는 전후는 제2차 세계대전 이후, 즉 1945년 이후를 말하며, 우상향 경제성장의 시대는 한국전쟁 특수, 도쿄올림픽 특수 등을 입었던 1950년에서 60년대의 고도경제성장기 및 70년대의 안정성장기를 말한다. 옮긴이)의 우상향 경제성장의 시대는 낙관론으로 매사를 바라볼 수 있는 행운의 시대였으나, 90년대 이후의 정체기에 들어서는 현실로부터 눈을 돌려 버렸던 것이 정책의 실패의 원인이 되었다.

일어났으면 하는 것이 일어나고, 내지는 일어나지 않았으면 하는 것이 일어나지 않는다는 자기중심주의적인 전제로 정책입안을 진행하는 것이 실패의 원인이었다. 이런 종류의 제멋대로의 전제가 붕괴되고, 정책의 실패가 명확히 되면, 정책을 입안, 추진한 자가 책임을 추궁받게 되어, 지위나 권력을 잃게 된다. 그렇기에, 잘못된 정책을 추진한 자는, 가능한 한 현실 부정을 계속 이어 나가는 것이다.

권한의 한정이란, 정책의 잘못이나 실패가 명백하게 된 이후로도, 그것을 바로잡는 작업을 태만시하는 부작위를 정당화하는 논법이다. 자신을 무력한 존재로 만드는 것으로, 책임을 벗어나려 하였고, 이것은, 특히 전후에는 미나마타병水俣病, 에이즈 약해藥害사건 등에 관련하여, 질책당한 문제이기도 하다. 칫소미나마타공장チッソ水俣工場에 의한 유해한 배수의 유출에 대해서도, 녹십자에 의한 비가열혈액제제非加熱血液製劑의 방치에 대해서도, 감독관청이 규제의 권한을 적극적으로 행사하여 문제의 발생을 미연에 막거나, 문제의 확대를 막거나 하는 것이 가능했었다는 점이 드러나고 있다.

이 점을 가장 정확히 보여주는 것이, 미나마타병 피해자인 가와모토 데루오의 상해사건을 둘러싼 도쿄 고등 재판소의 판결이다. 가와모토는, 칫소에 보상을 요구하는 자주교섭파의 리더로, 교섭의 과정에서 회사 측 관계자에 폭력을 행사한 혐의로 체포, 기소되었다. 1심의 도쿄지방재판소는 유죄판결을 냈으나, 2심의 도쿄고등재판소는, 검찰관에 의한 기소재량권의 행사가 현저히 불공정했다 하여, 기소 그 자체를 무효화하는 공소기각의 획기적인 판결을 내었다. 그 판결문의 일부를 인용한다.

> 그럼, 미나마타병이 인정되기 전에 미나마타병은 존재하지 않는 병이라고 말하며, 그 원인규명에 연월年月을 요한 미나마타병이었으나, 과연 이 상황을 막는 방법은 없었던 것인가. … 당초 기이한 병이라 말하던 단계에서 15년간이나 수은폐액이 배출된 상태를 방치해두지 않으면 안 되었던 이유를 찾을 수 없다. 구마모토대학 연구반이 작성한 지도로 만든 과학적인 원인규명을 실시한 경과, 구마모토현 경찰본부도 구마모토지방검찰청 검찰관도 그럴 생각이 있었다면, 수산자원 보호법과 같은 법 등에 기초하여 정해진 구마모토현 어업조정규칙, 공장배수 등의 규제에 관한 법률, 어업법, 식품위생법 등의 변호인이 인용하는 각종의 규제법령을 발동하는 것에 의해, 가해자를 처벌하는 것과 함께 피해자의 확대를 방지하는 것이 가능했었을 것으로 생각됨에도 어떠한 조치를 취한 흔적도 보이지 않는 것은 심히 유감으로, 행정, 검찰의 태만으로 비판받는 것도 어쩔 수 없다. 이런 의미에서, 국가, 현은 미나마타병에 대해서 일반一半의 책임이 있다고 해도 과언이 아니다.

칫소라는 대기업을 앞에 두고, 환경파괴의 책임을 추궁하여 피해자를 보호하는 행위를 행정관계자가 하지 않은 것을 이 판결은 엄히 비판하고 있다. 그 후, 미나마타병에 관한 국가의 책임을 묻는 행정소송에서는, 국가가 칫소의 배출을 멈추지 않은 부작위는 위법이라 하여 피해자의 구제를 명하는 국가 측 패소판결이 최고재판소에서 확정되었다. 또한, 에이즈 약해 사건에서는, 당시의 후생성 생물제제 과장이 에이즈 바이러스에 오염된 비가열혈액제제의 회수, 파기를 명하지 않은 부작위는, 업무상 과실치사에 해당한다고 판결이 내려졌다.

현재에 이어지는 '무책임의 체계'

무책임의 체계는 전후에도 살아남아, 21세기에 들어서도, 여러 실패는 교훈이 되지 못한 채 같은 문제를 반복하고 있다. 특히, 후쿠시마 제1원전 사고에 있어서, 무책임의 체계는 큰 문제를 불러왔다. 거대 쓰나미의 가능성에 관한 지진학자의 경고를 무시하고, 비상용 전원의 수몰을 불러온 것이 멜트다운 및 수소폭발을 가져왔다.

2006년 12월 22일, 공산당의 요시이 히데카쓰吉井英勝 중의원의원으로부터의 질문주의서質問主意書에 대한 답변서에서, 당시의 아베 신조 수상은, 지진 등으로 외부전력을 상실했을 때의 냉각기능의 유지 체제, 쓰나미 발생 시의 원자로냉각을 위한 비상용 전원 상실이 일어날 가능성에 관한 질문에 대해 다음과 같이 회답하고 있다.

우리나라의 실용발전용 원자로에 관한 원자로시설(이하 '원자로시설'이라 함)의 외부전원계는, 2회선 이상의 송전선에 의해 전력계통에 접속된 설계로 만들어졌다. 또한, 중요도가 특히 높은 안전기능을 지니는 구축물, 계통 및 기기가 그 기능을 달성하기 위해 전원을 필요로 하는 경우에는, 외부전원 내지 비상용 소내전원 어느 쪽으로부터든 전력 공급을 받을 수 있는 설계로 되어 있기에 외부전원으로부터 전력 공급을 받을 수 없게 되어 버린 경우에도, 비상용 소내전원으로부터의 전력에 의해 정지한 원자로의 냉각이 가능하다.

우리나라에서는 비상용 디젤 발전기의 트러블에 의해 원자로가 정지한 사례는 없고, 또한 필요한 전원이 확보되지 않고 냉각기능을 상실한 사례는 없다.

지진, 쓰나미 등의 자연재해에 대한 대책을 포함한 원자로의 안전성에 대해서는, 원자로의 설치 또는 변경의 허가신청 시 마다 「발전용 경수형 원자로 시설에 관한 안전설계 심사지침」(헤이세이 2년 8월 30일 원자력안전위원회결정) 등에 기초하여 경제산업성이 심사하여, 그 심사의 타당성에 대해서 원자력안전위원회가 확인하고 있는 것으로, 지적과 같은 사태가 생기지 않도록 안전의 확보에 만전을 기하고 있다.

희망적 관측에 따라 현실로부터 눈을 돌려, 탁상공론에 의해 충분한 대책을 취하고 있다고 국회나 국민을 속이는 것이, 원전사고를 불러온 것은 명백한 사실이다. 제1차 아베정권이 작성한 이 답변서를 쓴 것은 경제산업성의 관료이다. 그들은 현실로부터 도피하여, 안전대책을 위해서 권한을 행사하지 않는 부작위를 하기로 결정했다. 그 당시에 전력회사에 필요 없는 비용을 부담시키고 싶지 않았을 것이다. 그러한 체계 위에 서 있던 것이 아베 수상이었다. 그는 관료의 무책임을 간파하는 것은 불가능했고, 그것을 내각의 책임자로서 추인한 것이다.

더하여, 이 사고에도 불구하고, 아베정권은 원전수출을 성장전략으로 하고 있다. 그리고, 웨스팅하우스를 매수한 도시바에 의한 미국에서의 원전사업, 미쓰비시 중공업에 의한 터키로의 원전수출, 히타치에 의한 영국으로의 원전수출은 크게 실패하여, 철퇴가 결정되어 있다. 그것에도 불구하고 경제산업성은 원전수출의 실패를 인정하지 않는다. 2중, 3중의 무책임의 체계가 원전정책에서 존재하고 있다.

이러한 관료제의 병리와 신자유주의의 관계에 대해서 부언해두고 싶다. 신자유주의는 시장에서의 이익추구와 자유경쟁의 결과를 시인하는 사고이다. 정부의 정책에 의한 관여를 원리적으로 배척하는 것은 신자유주의의 필수 조건이 아니다. 오히려, 일반적인 이미지와는 반대로, 신자유주의는 정치와의 관계 없이는 있을 수 없다. 대기업 경영자나 일부 경제학자가 일반 시민에게는 없는 영향력을 가지고 정책을 움직이고, 규제완화, 민영화, 공유재산의 불하 등을 추진하는 것은 신자유주의의 일환으로서 행해지고 있다. 원전의 경우, 순수한 시장원리로는 비즈니스로서 성립할 수 없는 것은 도시바나 히타치의 실패로부터 명백히 드러났다. 그렇기에, 현대의 신자유주의자들은 손실의 리스크를 국가에 억지로 떠맡기고 이익만을 추구하려 한다. 민간기업의 모럴 해저드에 수반되는 리스크를 정부가 흡수하는 것이므로, 신자유주의와 무책임의 체계에는 친화성이 있는 것이다.

프로크루스테스의 침대 증후군의 지속

무책임의 체계의 또 하나의 구성요소는 프로크루스테스의 침대 증후군이다. 이 이야기는, 그리스 신화의 하나이다. 프로크루스테스라는 노상강도는, 산을 지나는 여행객을 잡아, 자택의 침대에 동여맨다. 침대보다 작은 사람은 손발을 침대에 맞춰 잡아 늘이고, 침대보다 크면 침대 밖으로 나온 부분을 잘라내는 잔혹한 취미를 지니고 있다. 이 이야기는, 인간은 자신이 미리 지니고 있는 틀에 맞추어 현실 쪽을 신축시킨다는 의식에 있어서의 편견을 경고하는 우화이다.

이것은 인식의 함정이라는 것뿐 아니라, 일본관료제에 있어서의 공해피해자에 대한 구제책에도 들어맞는다. 그것은, 먼저 미나마타병에 대한 구제책으로 나타났다. 미나마타병 발증의 메커니즘이 해명되어 칫소와 국가의 책임이 명확히 드러나, 국가는 어떠한 구제책을 만들지 않으면 안 되게 되었다. 이에 국가는 미나마타병의 인정제도를 만들었다. 미나마타만의 물고기를 먹고, 신체의 문제를 호소하는 사람들에 대해서 건강진단을 행하고, 미나마타병 환자로 인정된 사람에 대해서 의료비 보상, 위자료의 지불 등의 구제책을 강구하는 구조이다. 인정에는, 손발의 떨림, 운동장애, 시야협착 등의 복수 증상의 조합을 필수 조건으로 두었다. 의학자 중에서는, 이 요건을 비판하는 목소리도 있다. 그러나, 인정제도는 일관되게 유지되었다. 이 제도에서 벗어난 환자가 재판에 의해 구제를 요청하여 승소하기도 했다.

미나마타증 환자의 구제책을 생각할 때에, 관료는 피해가 너무나도 광범위하게 증가하므로 제대로 구제하려 하면 얼마나 예산을 필요로 할지, 불안하게 생각했을 것이다. 구제를 방기放棄할 수는 없다. 그러나, 피해의 실태에 맞추어 구제책을 구축한다면, 국가재정을 압박할 우려가 있다. 이에, 구제책의 대상이 되는 환자를 최대한 좁히는 인정제도를 생각해 내었다. 프로크루스테스의 좁은 침대에 해당하는 것이, 복수 증상을 필요로 하는 인정제도이다. 좁은 침대로부터 벗어나온 환자는, 미인정환자로서 배제되었다. 관료가 일을 하는 듯한 척을 하는 데에, 프로크루스테스의 침대는 편리하게 쓸 수 있었다.

같은 일은, 후쿠시마 제1원전 사고의 피해자에 대한 구제책에서도 반복되고 있다. 사고 후, 방사능오염이 심각하여, 거주할 수 없는 지역에 살고 있던 사람들에 대해, 이전을 위한 보상이 행해졌다. 이 당시 방사선량이 내려가면, 귀환곤란구역의 지정을 해제하는 귀환정책이 추진되었다. 이와 함께, 피난민에 대한 주택비의 보조는 끊어졌다. 좁게 설정된 귀환곤란지구가 프로크루스테스의 침대에 해당된다. 거기에서 벗어난 사람들은 '자주 피난자'로 불린다. 다시 말해서, 스스로 원해서 피난하고 있는 사람들로 인정되어, 정책적인 구제의 대상이 되지 않는다.

아베정권에는 정치주도와 무책임의 체계가 결합해있다. 원전사고의 기억을 말소한 아베정권은, 프로크루스테스의 침대를 가장 취약한 위치의 사람들에게 강요하고 있다. 그리고, 원전사고에 책임을 져야 하는 관료나 기업에 면죄부를 주고 있다. 아베 수상은, 정책의 실패라는 비판을 받더라도, 국정선거에서 승리하여 국민의 지지를 얻고 있는 것을 이유로 자신의 정책을 정당화한다. 실제로 정책을 만드는 관료는, 정권에 공순한 한, 책임을 추궁받는 일은 없다. 국민이 정책의 실패나 권력행사의 비위를 바로잡으려는 의지를 지니지 않는

한, 민주주의적인 절차로도 정치인의 무책임이나 뻔뻔한 태도를 조장하는 결과를 피하기 어려울 것이다.

제5장

개인의 억압,
무너져가는 자유

개인의 존엄이 부정되는 풍조는, 근년 현저히 보이는 민주주의에 대한 위협이다. 민주주의를 지탱하는 것은, 자신의 의사로 자유로이 생각하여 행동하는 개인이다. 개개인이 정확한 정보를 얻어, 자유로이 사고하는 것으로부터 민주주의는 시작된다. 그러나, 아베정권하에서 교육에 대한 권력의 통제가 강해져, 개인의 자유는 압살되려 하고 있다. 보도기관에 대한 명시적·암묵적인 억압도 진행되고 있다. 더 나아가, 사회에는 헤이트스피치 등의 차별적인 언동이 널리 확산되고 있다. 표현의 자유에 대해서, 권력에 의한 위에서부터의 억압뿐만이 아닌, 말하자면 사회에 있어서의 옆으로부터의 억압도 무시할 수 없는 힘을 지니게 되었다.

개인의 존엄을 기반으로 한 민주주의를 어떻게 회복할 것인가, 민주주의의 대전제인 기본적 인권, 특히 사상의 자유, 언론·보도·표현의 자유를 어떻게 옹호할 것인가, 더 나아가 민주주의를 짊어질 이들을 키우는 공민교육을 어떻게 구축할지에 대해 생각하는 것이 이번 장의 테마이다. 이하에서, 자유 그 자체가 위협받고 있고 교육이 통제되어 있는 실태에 대해서 추적하고자 한다. 사회에 있어서의 자유가 억압되게 된다면, 정치 참가의 위축이라는 효과를 불러온다. 그 압박의 다양한 형태를 명확히 하고자 한다.

1. '안 좋은 느낌'의 정체

자유에 대한 공격

아베정권이 장기간 이어진 중에, 일본은 정말이지 안 좋은 사회가 되었다고 생각한다. '안 좋은'이란 극히 주관적인 형용사로 아베정치를 비판하는 것은, 본서에 맞지 않는다고 말할 수 있을지도 모른다. 그러나, 정치나 사회의 열화를 구체적으로 지적한 끝에, '안 좋은'이라는 종합적인 평가를 내릴 수밖에 없었다. 전체주의와 군국주의의 일로로 빠져들었던 1930년대의 경험이란 이와 같은 것이었던 것은 아닌가 하는 생각마저 든다. 실제로, 그러한 종류의 사례들이 연이어서 발생하고 있다.

안 좋은 느낌을 들게 하는 최근의 사례로서는, 국제예술제 〈아이치 트리엔날레 2019〉에 대한 일련의 움직임이다. 2019년 8월 1일에 시작됐던 '아이치 트리엔날레'의 기획의 하나로서, 지금까지 다른 전람회에 출품을 거부 받았던 작품을 모은 〈표현의 부자유전·그 후〉라는 전람회가 개최되어, 이곳에서 종군위안부 문제의 심볼이 된 〈평화의 소녀상〉 등이 전시되었다. 이에 대해, 가와무라 다카시 나고야시장이 1일에 '일본국민의 감정을 짓밟는 것'이라 하여, 철거를 요구했다. 그리고, 오사카부지사, 오사카시장도 같은 발언을 했다. 2일 오전의 기자회견에서는 스가 요시히데 관방장관이 "보조금 교부의 결정에 있어서는, 사실관계를 확인, 조사하여 적절히 대응하고자 한다"고 발언, 또한 시바야마 마사히코柴山昌彦 문부과학대신도 보조금의 문제를 언급한 외에, 자민당의 보수계의원으로 만들어진 '일본의 존엄과 국익을 지키는 회'(대표간사 아오야마 시게하루青山繁晴 참의원 의원)도, 소녀상에 대해서 '공금을 투척할 게 아니라, 국가나 관련 지자체에 적절한 대응을 요구한다'고 성명을 내었다. 자민당의 국회의원도 같은 발언을 하였다.

전람회 사무국에는 소녀상 철거를 원하는 협박이 이어졌고, 오무라 히데아키大村秀章 아이치현지사는 3일에 안전을 확보할 수 없는 것을 이유로 〈표현의 부자유전·그 후〉의 중지를 표명했다. 전월에 교토 애니메이션의 방화로 다수의 사망자를 낸 사건을 염두에 둔 '가솔린을 휴대하고 가겠다'는 방화협박이 중지의 방아쇠를 당겼다.

이 사건에는, 다음과 같은 문제가 포함되어 있다.

① 소녀상을 반일의 상징으로 보고, 그 배제를 외치는 역사수정주의에 의한 특정 표현에 대한 공격

② 공금에 의한 보조를 이유로 정부나 정치가가 예술·학문분야의 표현활동에 대해 개입하는 표현의 자유의 위기

③ 정치가의 발언에 동조되어 일반 시민이 폭력을 내비치며 타자의 표현을 억압하는 억압운동의 사회적 확산

각각에 대해서 검토해보고자 한다.

① 역사수정주의의 만연

첫 번째 문제는, 전전戰前의 일본이 행했던 식민지 지배나 침략전쟁 및 그것에 관련되는 다양한 인권침해에 대해, 사실이 아니라고 부정하는 역사수정주의가 정치가의 세계에도 만연하고 있는 것이다.

일본의 경우, 전후 50년의 무라야마 담화(1995)에서 과거의 전쟁이나 식민지 지배를 반성했고, 당시의 자민당도 이것에 합의하였다. 2015년 12월의 종군위안부 문제에 관한 한일합의 시, 기시다 외상은 공동기자발표에서 '당시의 군의 관여하에, 다수의 여성의 명예와 존엄을 깊게 상처 입힌 문제이며, 이러한 관점으로부터 일본정부는 책임을 통감하고 있다'고 하였고, '아베 내각총리대신은, 일본국의 내각총리대신으로서 다시금, 위안부로서 수많은 고통을 경험하여, 몸과 마음에 치유가 어려운 상처를 입은 모든 분들에 대해서, 마음으로부

터 사죄와 반성의 뜻을 표명한다'고 말했다. 그 의미에서, 일본정부는 역사수정주의의 입장은 아니다. 일본정부가 국제사회에서 '명예 있는 지위'를 점하고 싶다고 생각한다면, 역사관에 대해서 세계표준을 공유하는 것은 당연하다.

자국의 과거의 범죄에 대해 그 존재 자체를 부정하는 역사수정주의자는 독일에 있어서의 홀로코스트의 부정처럼 일본에서만 있는 것은 아니다. 독일의 경우, 역사수정주의자들은 정부, 의회 등의 공적세계에는 존재가 허락되지 않는다. 그러나, 일본에서는 역사수정주의를 공적세계에서 제멋대로 퍼뜨리고 있는 것이 현실이다. 소녀상의 철거를 요청한 가와무라 나고야시장은, 과거 난징 대학살은 없었다고 발언하고, 비판을 받았다. 가와무라시장이나 오사카부지사, 오사카시장, 더 나아가 상당수의 자민당정치가는 위안부에 대해서, 당시의 일본정부가 강제로 종사시킨 것이 아니기에, 한국 등의 비판은 근거가 없다고 주장하고 있다.

아베정권이 역사를 진지하게 직시하고, 자국의 과거의 잘못을 반성한다면, 주변 정치가의 역사수정주의를 엄히 나무라고, 역사인식을 공유하도록 촉구해야 한다. 역사적 사실의 의논에 있어서는, 이런 생각도 있고 저런 생각도 있는 것이 아니라, 진위가 있을 뿐이다. 공식의 장에서 과거의 일본국가에 의한 인권침해를 사죄하더라도, 여당이나 그 주변의 유력 정치가가 그것을 부정하는 발언을 반복한다면, 일본은 반성하지 않는다는 의혹을 불식시키지 못할 것이다. 종군위안부를 둘러싼 논쟁을 소개한 기록영화 〈주전장主戰場〉을 보면 알 수 있듯, 아베 수상과 가까운 언론인이나 정치가는 종군위안부는 단순히 직업적 매춘부였다는 캠페인을 진행하고 있다. 아베정권의 간부의 역사인식에 대한 진지함이 의심되는 것도 어쩔 수 없다.

② 표현의 자유의 위기

아베정권의 수뇌부 및 일부 자치단체장은, 공금에 의한 지원을 받은 예술이나 학문의 활동에는 제약이 있다고 주장하고 있다. 그러나, 이런 종류의 발언을 하는 정치가는 표현의 자유의 의미를 전혀 이해하고 있지 않고 있다. 공금의 보조를 받은 학자나 예술가는 정부를 비판하면 안 된다면, 국립대학뿐 아니라, 조성금을 받은 사립대학의 교원도 정부를 비판해서는 안 된다는 이야기가 된다. 이 논리를 철저히 적용하자면, 정부가 세금에 의해 시설·운영을 하고 있는 도서관이나 박물관을 이용하고 있는 자도 정부비판을 해서는 안 되게 된다.

정부가 제공하는 도서관, 박물관 등의 문화적 인프라나 예술, 학문에 대한 보조는, 그 때에 정권을 맡고 있는 당파의 은혜가 아니다. 학문이나 표현에 대한 룰을 공유한다는 전제하에 예술이나 학문의 세계에서 다양한 표현이나 의논이 활발히 행해지는 것이 사회 전체의 이익이 되기에, 정부는 문화의 지원정책을 전개하고 있는 것이다.

학자나 예술가는 시대의 정책에 은의를 느낄 필요는 없다. 정부가 문화적인 활동의 결과물에 간섭하지 않는 것이야말로, 표현의 자유를 의미한다. '아이치 트리엔날레'의 건에서도, 오무라 히데아키 아이치현 지사는 오히려 공비를 사용하는 기획이기에 표현의 자유를 지키지 않으면 안 된다고 발언했다. 근래의 정치가에게는 흔치 않은 식견이다.

일본의 언론에서, 근일 '반일'이라는 언어가 빈번히 사용되게 되었다. 일본이라는 국가의 과거의 죄업을 비판하는 의논만이 아니라, 그것을 사실로서 인식하는 의논에 대해서, 역사 수정주의자는 반일이라는 라벨을 붙인다. 더 나아가, 아베정권에 대해서 비판적인 의논도 별로 가치가 없는 반일 의견이라 불리고 있다. 그리고, 반일적인 예술, 학문에 공금의 원조를 해주지 마라는 등의 주장이 잇달아 일어나고 있다.

이 문제에는 나 자신이 말려들었다. 나는, 거리낌 없이 아베정권을 비판해 왔다. 동시에, 과거 20여 년간, 인문사회계열로서는 큰 액수의 과학연구비를 얻어 연구를 해 왔다. 이 두 가지 사실 사이에 관계는 없다. 그러나, 우파 정치가나 언론인은, 반일학자에 연구비를 주다니 괘씸하다며 소란을 피웠다. 물론, 연구성과나 연구비의 용처에 있어서는 어떤 하자도 없고, 소란은 흐지부지 끝났다. 나뿐만이 아니라, 종군위안부 문제에 대해서 페미니즘이나 역사학의 관점으로부터 학문적인 연구를 행해 왔던 여성연구자에 대해서도 같은 류의 공격이 행해졌다. 이러한 소동의 중심에 있었던 것은, 자민당의 스기타 미오杉田水脈 중의원 의원이다. 그녀는, 2017년의 중의원선거에서, 자민당의 주고쿠 블록 비례로 올라 당선되었다. 그녀의 등용은 자민당집행부의 강한 의지의 반영이다. 그렇기에, 아베정권이나 자민당이 표현의 자유, 학문의 자유를 어디까지 옹호하고 있는지, 의심을 품고 있는 데에는 충분한 이유가 있는 것이다.

이러한 소동은, 1935년의 천황기관설 사건을 상기시킨다. 이 시기에, 우익단체나 일부 정치가가 마음에 들지 않는 학자의 주장을 반국체적이라 부르며 배격하여, 미노베 다쓰키치美濃部達吉의 저서를 발매금지로 몰고갔다. 이에 더하여, 독립심을 지니고 비판적인 언론을 전개하는 대부분의 학자를 침묵시키는 데에 성공했다. 그 후, 일본에서는 전쟁을 비판하는 주장이 현저히 곤란하게 되었으며 파멸의 길로 이어지는 결과를 초래했다. '일억 일심'의 전체주의를 만들기 위해서는, 학자나 저널리스트의 자유로운 언론을 봉하는 것이 불가결했다.

현대일본에서는, 국체라는 단어는 사용되지 않으나, 전술한 것과 같이 정부에 비판적인 의논을 정치가가 태연히 '반일'이라 부르게 되었다. 지금까지는 학문의 압살은 미수로 끝났다. 표현의 자유, 학문의 자유가 헌법에 보장되어 있는 현재, 학자가 촌탁하여 입을 닫아서는 안 된다. 표현의 자유를 지키는 방법은, 자유로이 표현을 이어가는 것이다. 그렇다 하더라도 안 좋은 예감은 남아 있어, 그것을 불식하기 위해서는 상당한 각오가 필요한 시대가 되어 가는 것도 사실이다.

권력에 의한 자유의 압박의 사례로서는, 2019년 7월 참의원선거 때, 아베 수상이 삿포로에서 연설했을 때 야유를 던진 시민을 경찰이 실력행사로 배제시킨 건도 중대하다 할 수 있다. 민주주의 국가의 권력자가 가두에서 연설을 할 때에는, 환성을 올리는 시민만 있는 것이 아니라 항의의 목소리를 높이는 시민도 모이는 것이 당연하다. 야유는 질이 낮고 표현의 룰을 무시하는 것이니 배제되어도 당연하다는 의논도 있다. 그러나 가두연설에 다양한 목소리가 교차하는 것이 자유사회이다. 이 점에 대해서, 헌법학자 사카구치 쇼지阪口正二는 다음과 같이 쓰고 있다.

정치가의 가두연설도, 정치가가 일방적으로 연설하고, 시민은 단지 예의 바르게 그것에 조용히 귀를 기울이는 장소라 규정해 두어서는 안 된다. 애당초, 민주주의하에서 정치가는 비판받는 것이 당연하며, 시민이 정치가와 직접 커뮤니케이션 가능한 기회는 적은 점에서, 가두연설은 중요한 기회이다.

그러한 장소에 있어서 시민을 '예의 바르게' '듣는 쪽'으로 규정해둬서는 안 된다. 시민에게도 또한, 귀중한 직접 커뮤니케이션의 기회로써, '듣는 쪽'이 되는 기회가 보장되어 있어야 하며, 어지간히 심하지 않는 한 정치비판으로서 야유를 포함한 어느 정도 거친 표현방법이 인정되어야 할 것이다(「「표현의 부자유전」중지와 「야유 배제」 불관용한 일본사회의 심각한 상황」, 『현대 비즈니스』, 2019년 8월 14일).

경찰이 항의의 목소리를 높인 시민을 배제할 때에는, 범죄나 선거운동의 방해 등의 위법행위가 존재하지 않으면 안 된다. 삿포로에서의 해당 건에 대해서도, 법적 근거는 존재하지 않는다. 경찰에 의한 시민의 배제는, 권력의 남용으로, 위법의 의혹이 짙다. 법에 기초하지 않은 실력행사를 방치한다면, 언론의 자유는 한층 더 압박받아 갈 것이다. 이것은 결코 작은 사건이 아니다.

③ 억압운동의 사회적인 퍼짐

자유를 억압하는 것은, 공권력만이 아니다. 같은 사회에 살아가고 있는 무명의 시민도 억압에 가담한다. 아이치 트리엔날레 건에서도, 익명의 협박이나 괴롭힘이 전람회 중지의 원인이 되었다. 이외에도, 종군위안부 문제에 관한 기사를 쓴 전 아사히신문기자가 강사를 맡고 있던 대학에 협박, 괴롭힘이 쇄도하여, 교원이나 학생이 위협에 노출된 일도 있다. 또한, 조선학교(북한이 지원하는 조총련 계열의 학교. 옮긴이)에 대한 공비조성을 요청한 변호사에 대한 이유없는 징계청구가 대량으로 제출되는 사건도 있었다.

이러한 현상은, 소셜 미디어의 공급에 의해 용이하게 일어나게 되었다. 변호사를 향한 대량의 징계청구 사건은, 인터넷 우익들 사이에서 인기가 있는 블로그에서 변호사에 대한 징계청구를 호소한 것이 발단이었다. 이 블로그를 읽은 인터넷 우익으로부터 어느 변호사에 대해서 958건의 징계청구가 보내졌다. 보통의 시민은 변호사에 대한 징계청구의 방법은 알지 못할 것이나, 이 블로그에는 징계청구의 양식까지 게재하여 독자를 선동했다. 극단적인 내셔널리즘이나 타민족에 대한 편견을 지닌 인간이 자신의 머릿속 망상을 퍼뜨리는 것은 막을 방법이 없다. 소셜 미디어의 보급은, 그러한 망상을 현실의 행동으로 몰아대는 효과를 지닌다. 망상을 지닌 인터넷 우익이, 같은 생각을 지닌 인간이 자신 외에도 많고, 그들이 실제로 행동에 나선다고 생각하면, 자신도 괴롭힘이나 협박에 뛰어들게 된다.

정부가 만일 검열을 행하게 되면 검열된 측은 헌법에 기초하여 정부의 행동을 철회시키는 소송을 일으키는 것이 가능하다. 그러나, 익명의 시민에 의한 방해에 대해서는, 유효한 대항책은 없다. '아이치 트리엔날레'의 경우도, 협박에 굴하지 않고 전시를 속행하여, 실제로 광신적인 인터넷 우익이

전람회장에서 테러를 일으켰다면 주최자에게 책임이 돌아가게 된다.

행정이 주최자인 경우, 이런 종류의 협박에 대해서는 소극주의에 빠지게 되는 경향이 있다. 그러나, 표현의 자유를 억압하는 움직임에 대해서는, 의연히 대항을 하는 것이 필요하다. 협박이나 위력업무방해라는 범죄를 구성하는 행위이라면, 경찰에 조사를 요청하여, 형사책임을 추구하는 것이 필요하다. 이유 없는 징계청구나 명예훼손이 있다면, 민사상의 배상책임을 추구하는 것이 필요하다. 민족적 편견이나 역사수정주의의 망상을 지닌 것 자체를 설득에 의해 바꾸게 하는 것은 불가능할지 모른다. 그런 종류의 편견을 위법한 수단으로 실행에 옮긴다면 민·형사상의 책임을 물을 수 있는 점을 알려주는 것이 당연한 대책이다.

또 하나 중요한 것은, 수상을 시작으로 하는 공직자가, 타자의 존엄이나 자유를 침해하는 행동이나 발언에 대해 엄격히 비난을 하는 것이다. 권력자가 협박이나 괴롭힘에 대해 명확한 비난을 하지 않는다면, 망상에 의해 행동하는 배외주의자나 역사수정주의자는, 권력자가 자신들을 암묵적으로는 인정하고 있다고 생각해버리게 되어 활기를 띠게 된다. 이것은 트럼프정권하의 미국에서도, 백인 지상주의 운동이 활발화된 형태로 실제로 일어나고 있는 데서 알 수 있다. 스가 관방장관은 기자회견에서, 〈표현의 부자유전·그 후〉의 중지에 대해서, "일반론으로서 협박은 있어서는 안 된다"고 말했다. 어째서 일부러 '일반론'이라는 수식어를 붙였는가, 권력 측의 자유에 대한 애매한 자세가, 사회적인 억압을 조장하고 있는 것은 일본도 미국도 똑같은 모습이라고 말하지 않을 수 없다.

이렇게 안 좋은 상황은, 전전의 군국주의 시대를 상기시킨다. 나가이 가후永井荷風, 기요사와 기요시淸沢洌, 기류 유유桐生悠悠 등, 만주사변으로부터 중일전쟁, 태평양전쟁에 이르는 십수 년을 살아온 지식인의 일기를 보면, 지금과 극히 비슷한 느낌을 받는다. 예를 들면, 나가이의 일기『단쵸테이 니치죠』의 기술을 읽으면, 전전戰前 회귀라는 의논이 결코 과장이 아닌 것을 알 수 있다.

일본인이 입에 담는 애국은 시골사람들의 자기 지역 자부심에 다를 바 없다. 그 단점·결점은 결코 입 밖에 내어서는 안 될 것이다. 역겨우리만치 경박한 겉치레 말을 해야 할 것이다. 마음에도 없는 겉치레 말을 말하면 빤히 보면서 거짓말 투성이인 것을 알고 있으면서도 경박하다고 비난하는 일은 없다. 이 나라에 태어난 이상 거짓으로 단단히 굳히고 결코 진정을 토로해서는 안 된다. 후지산은 세계에 둘도 없는 영산이다. 210일은 신풍(가미카제)이 부는 날. 꽃은 지기에 기묘한 것이다. 구스노키(구스노키 마사시게楠木正成 : 일본 남북조시대의 남조의 충의로운 장군. 아시카가 다카우지足利尊氏와 싸워 패사했다. 옮긴이)와 사이고(사이고 다카

모리西鄕隆盛:메이지 유신의 삼걸 중 한 명. 정한론을 주장하고 세이 난전쟁을 일으켰으나 패사했다. 옮긴이)는 훌륭하다고 말해두 면 문제는 없다. 억지를 부리지도 억지를 받지도 않는 애 국자라.

주변의 아이들의 담을 부수어 자기집 정원의 감을 훔치면 패덕이 극심하다 말하면서, 자기집 사람이 다른 집의 무화 과나무를 먹고 있음을 앎에도 조금도 꾸짖지 않는다. 일본 인이 정의正義·인도人道를 입으로만 말할 뿐인 것은 일단 이 정도로 이해해 두어야 하리라(1943년 7월 5일).

2. 교육에 퍼지고 있는 획일화

'호시노 군의 이루타'

　과거 전쟁 중과는 다르게, 지금 시대에는 복장이나 머리스타일에 대해서까지 정부가 간섭하는 일은 있을 수 없다. 그러나, 삶의 태도나 가치관에 대해서, 겉으로는 그렇게 보이지 않는 형태를 띄며 그 방향을 고정시키려는 움직임이, 아베정권하에서 진행되고 있다. 특히 학교교육이 그러한 캠페인의 장이 되어가고 있다.

　2018년도부터 소학교에서, 2019년부터는 중학교에서 도덕이 정식교과가 되어, 검정을 받은 교과서가 사용되어, 교사는 아동생도의 도덕에 대해서 평가하게 되었다. 중학교의 학습지도요령에서는, 도덕과의 내용으로서 22항목이 거론되어 있다. 내용으로는, 「자주, 자율, 자유와 책임」, 「향상심, 개성의 신장」, 「공정, 공평, 사회정의」, 「보다 좋은 학교생활, 집단생활의 충실」, 「우리나라의 문화와 전통의 존중, 국가를 사랑하는 태도」, 「국제이해, 국제공헌」 등이 거론되어 있다. 이것들은 일반론으로서는 중요한 덕목으로, 특단문구를 붙여야 할 것은 아닌 것처럼 보인다. 그러나, 가르치는 방법에 따라서는, 획일주의를 아이들에게 강요할 가능성이 있다.

소학교(한국의 초등학교. 옮긴이) 6학년생의 복수의 도덕교과서에 채택되어 있는 「호시노 군의 이루타」라는 이야기가 있다. 이야기 속에서, 호시노 군의 소년야구팀은 근처 마을의 팀과 1점을 추격하는 시합을 하고 있었다. 마지막 회인 7회 말, 찬스로 호시노 군의 타석이 된 때에, 감독은 번트의 지시를 내렸다. 그러나 그 명령에 납득할 수 없던 채 배트박스에 들어간 호시노 군은, 절호구가 왔기에 번트의 사인을 무시하고 강하게 휘둘러 이루타를 치고 팀을 역전승리로 이끌어 시내 야구대회 출장을 결정지었다. 그러나 호시노 군은 영웅이 되지 못했다. 다음날 연습에 모인 때에 감독은 선수들에게 차례로 고했다. 아무리 결과가 좋았다고 하나, 팀에서 결정한 작전인 번트의 사인을 무시한 것은 '팀의 작전으로서 결정한 것은, 절대로 지키지 않으면 안 된다'는 규칙을 무시한 것이 된다. 규칙을 무시하고, 팀의 통합을 해친 자를 대회에 내보낼 수는 없다고.

이 이야기로부터, 교사는 어떠한 덕목을 가르치고, 아이들은 어떠한 교훈을 얻을 것인가. 솔직하게 읽으면, 집단 속에서의 규율은 중요하다는 교훈을 끌어낼 수 있겠으나, 그것을 강조한다면, 감독의 명령에 따르는 것이 중요하다는 이야기로 발전하여, 더 나아가, 상사나 정부의 지시에는 따르지 않으면 안 되는 이야기로도 확대될 가능성도 있다. 때마침, 2018년 5월 6일에 행해진 니혼대학과 간사이대학의 아메리칸 풋볼시합에서, 니혼대학의 선수가 '(상대의 쿼터백을) 짓눌러라'는 감독의 지시에 따라, 플레이 종료 후에 위험한 태클을 하여 상처를 입힌 사건이 일어났다. 자기 스스로 생각하는 것을 방기하고, '팀의 결정'을 최우선으로 하는 것을 덕목으로 생각한다면, 학교도, 사회도 잘못된 지시에 저항하는 힘을 잃어버리게 된다.

물론, 야구에서의 팀플레이의 강조가 선수에게 반칙행위를 시키는 것으로 이어진다는 것은 비약된 논의라는 반론도 있을 것이다. 참으로, 자신에게 부여된 지시나 명령의 내용이 적절한 것인가 어떤가를 자신이 판단하는 능력을 함양하는 것이야말로, 도덕교육의 목적에 없어서는 아니 된다. 여기에 간단한 해답은 없을 것이다. 이것은, 한나 아렌트가 '예루살렘의 아이히만'에서 문제시했던 '평범한 악'으로 이어지는 대문제이다. 명령에 따라 홀로코스트에 가담했던 아이히만이 유죄인가 무죄인가가 문제삼아진 데에 대해 아렌트는 자신이 생각하는 것을 방기하고 명령에 따른 아이히만은 무죄라고 말하고, 그와 같은 악을 평범한 악이라 불렀다.

팀의 규율과 개인의 판단의 갈등은 그 정도로 큰 문제라는 것을 도덕교육의 담당자는 이해하지 않으면 안 된다. 현장의 교사가 '호시노 군의 이루타'라는 교재를 쓸 때에, 문제가 그러한 점에 미침을 학생들에게 절실히 설명하고, 가르치는 것을 기대할 수밖에 없다. 그러나 걱정은 남아 있다. 현재의 도덕과에 있어서는, 평가가 요구되어 있다. 그렇다고는 하나 5단계 정도의 정량적인 평가는 아니나, 선생은 아이들의 도덕심에 대해서 기술記述에 의해 정성적인 평가를 하지 않으면 안 된다. 평가 작업을 편하게 하려면 교재로부터 읽어내어야하는 교훈에 대해 '정답'을 결정하고, 그것에 따른 아이들에 좋은 평가, 정답에 반발하는 아이들에는 나쁜 평가를 주는 일도 일어날 수 있다.

근년, 대기업에서 제품검사 결과의 위조나 부정경리가 횡행하고 있다. 은행에서 융자심사를 통과하기 위해서 허위의 예금잔고를 서류에 쓰거나, 정부에서 공문서의 위조나 데이터의 날조가 빈발하거나 하는 것 등, 민·관을 불문하고 허위, 날조의 범죄가 이어지고 있다. 이는, 각각의 현장의 담당자가 상사의 지시 내지 조직의 분위기에 따라 실행한 범죄적 행위이다. 지시, 명령의 타당성에 대해서 자기 스스로 생각하는 것이 불가능한 사람들이 관공서에도 기업에도 넘쳐나고 있는 것에서 이와 같은 문제가 일어난다. 과연 도덕교육이 이러한 문제의식에 기초하여, 자신이 생각하여 판단할 수 있는 개인을 키우는 것을 목적으로 하는 것인가? 이 점에 대해서는, 회의적이 되지 않을 수 없다.

공공성을 어떻게 이해할까

소·중학교에 있어서의 도덕과의 신설에 연동하여, 고교에서는 종래의 현대사회 대신에 공공公共이라는 교과가 신설되었다. 이 교과에는, 도덕교육에 입각하여 국가나 사회를 구성하는 인간을 육성하는 것을 목적으로 하게 되어 있다. 이 점에 대해서, 교육학자 나카지마 데쓰히코中嶋哲彦는 다음과 같이 지적하고 있다.

> 생도가 장래에 주권자로서, 내지 사회의 구성원으로서, 자립하여 책임있는 행동을 취할 수 있도록 하는 것은, 학교교육의 목표의 하나입니다. 그러나, 학교교육을 통해서, 특정의 가치관이나 삶을 살아가는 방식을 주입하는 것이 되어서는 안 된다고 생각합니다. 학교교육의 역할은, 생도가, 교과의 학습을 통해서, 이 나라와 사회의 주인공으로서 필요한 지식이나 개념을 획득하고, 자기 자신이 가치관을 선택하여, 자기 자신의 삶을 살아가는 방법을 찾아내는 것이 가능하도록 도와주는 것에 있을 것입니다.
> 더 나아가, '공공公共'의 학습내용을 보면, 현재의 '현대사

194

회'에서 다루고 있는 '기본적 인권의 보장'이나 '평화주의'가 삭제되어 있습니다. 이것들은, 이 나라와 사회를 이루어지게 하는 기본원리입니다. 이것들을 제대로 인식하고 있는가 아닌가로, 개인이 삶을 살아가는 방법이 크게 달라지게 됩니다. 어째서 이러한 것을 삭제했는가, 나로서는 이해할 수 없습니다(「신 고교 학습지도요령의 문제점」NHK「시점·논점」, 2018년 4월 2일).

사회를 구성하는 사람이 되기 위한 교육내용으로부터 기본적 인권의 보장이나 평화주의가 삭제되어 있는 것은 어찌된 일인가. 이것은, 지금 정부가 '공공(public)'이라는 개념을 어떻게 이해하고 있는가를 말해주고 있다. 본래의 공공이란, 시민이 자유로이 서로 의논해가며 서서히 발견해가는 가치이다. 자신도 타자도, 사회 속에서 자유로이 존엄을 지니고 살아가기 위해서, 서로 공통된 가치나 이익을 찾아내는 것이 공공의 발견이다. 물론, 현실세계에서는 그와 같은 예정조화는 없으므로, 가치나 이익을 둘러싼 갈등은 항상 존재한다. 그렇다 하더라도, 서로 이야기하는 것에 의해, 각자가 자신의 의견을 서로 수정해가며, 보다 많은 사람들에 있어서 받아들여질 수 있는 결론을 도출하는 태도야말로, 공공적 시민이 사회에 참가할 때에 지녀야 할 태도이다.

공공의 학습지도요령에서는, 자립적인 주체로서 사회에 참가하는 것이 목표로서 게재되어 있는 한편, 자국을 사랑하는 것도 강조되어 있다. 여기에서 말하는 애국심이, 보다 나은 나라를 만들기 위해 때로는 권력과도 싸우는 능동적인 것이라면, 자립적인 사회참가와 모순되지는 않는다. 그러나, 이 말은 일본의 교육의 구체적인 문맥에 비춰가며 생각하지 않으면 안 된다.

2018년 2월, 전 문부과학성 사무차관인 마에카와 기헤이前川喜平가 나고야 시립의 한 중학교의 초청으로, 종합학습의 시간으로 강연을 했다. 마에카와는 가케학원 문제에 관련하여, 수의학부 설치인가에 대해서 수상관저의 관여가 있었던 것을 고발한 일이 있어, 아베정권에 있어서는 눈엣가시였다. 이 강연에 대해 들어서 알게 된 지역 선출의 두 명의 자민당의원, 더군다나 자민당문부과학부 회장과 부회장대리를 지낸 인물이 문부과학성에 압력을 넣어, 동년 3월, 문부과학성은 나고야시 교육 위원회에 마에카와 초빙의 경위나 강연내용의 보고, 강연의 녹음데이터의 제출을 요구하는 메일을 보냈다. 마에카와는, 등교하지 않는 아동의 문제나 야간중학에서의 봉사경험에 대해 이야기한 것으로, 정치적인 내용은 언급하지 않았다. 그럼에도 불구하고, 아베정권에 있어서의 위험인물이 공립학교에서 강연을 한 사실을 들은 자민당의 정치가가 소동을 크게 일으켜 문부과학성 관료는 그 뜻대로 지방자치체의 교육위원에 압력을 행사했다. 마에카와 강연 건에 대해 나고야시 교육위원회도 해당 중학교의 교장도, 냉정한 대응을 하여, 문과성의 조회에는 사무적으로 회답하고, 강연의 녹음은 제공하지 않았다. 교육기본법이 금지하고 있는 '부당한 지배'를 거절한 것이다. 다만, 다른 지자체나 학교가 이 같은 주체적인 냉정한 대응이 가능하리라고 단정할 수는 없다.

이러한 환경 속에서, 학교현장에서 애국심이나 공공심의 교육에 있어서, 정부의 정책에 반대하거나, 정부가 받아들이지 않는 정책을 주장하거나 하는 것을, 자립적인 사회참가로 의논하는 것이 가능할리 없다. 이 염려는 적중한 듯하다. 2019년 9월, 시바야마 마사히코 문부과학상은, 학교의 점심식사 때에 정치 이야기를 한다는 고등학생의 트윗에 대해 '이러한 행위는 적절한가?' 하고 트윗하여, 논란을 일으켰다. 유권자임에도 불구하고 고교생이 자유로이 정책의 당위나 부당함을 의논하며, 정부를 비판하는 것을 교육행정의 책임자는 환영하지 않는 것이 비춰진다.

미국에서는 고교생이 총기규제를 원하는 목소리를 내거나, SNS를 통해서 운동을 확대하고, 전국적 집회를 열었다. 유럽에서는, 지구온난화에 대한 유효한 대책을 요구하며 고교생이 데모에 나서고 있다. 그러나, 일본에서는, 고교생의 정치적 활동에 대해 정부는 극히 억압적인 모습이다. 또한, 오키나와 현민이 헤노코 신기지 건설 정책에 대해서 반복해서 이의를 제청하는 데에 대해, 정부는 전혀 듣지 않고 무시하고 있다. 현재의 정부는 정책에 대해서, 반대하는 목소리도 들으며, 의논을 더해가는 것에 의해 보다 좋은 정책을 만드는 것이 가능하다는 점을 인정하는 개방적인 자세를 지니지 않으면 안 된다.

내셔널리즘과 패트리어티즘

이 점은, 아베정권하의 문부과학성이나 자민당이 학교교육에 대해서 집요하게 요구하는 '애국심'과도 겹치는 논점이다. 서구의 시민혁명에 있어서는, 애국심은 왕당파가 아니라, 오히려 공화주의자 측의 이념이었다. 구체제(앙시앵레짐)를 타파하고, 시민에 의한 공화제를 수립하는 능동적인 정신이 애국심이었다. 이 전통은 지금도 살아있다. 2018년 11월 11일, 제1차 세계대전 종전 100주년 기념식전에서 프랑스의 마크롱 대통령은 다음과 같이 연설하였다.

"내셔널리즘은 애국심(patriotism)을 배신하는 행위이다. … 자신의 이익이 제일우선이고, 타자는 2차라고 말하는 것에 의해, 가장 중요한 도덕적 가치관을, 우리들은 지워가게 된다. … 고립, 폭력, 내지는 지배에 의해 평화를 향한 희망을 좌절시키는 것은 잘못된 일이다. 그러한 만행을 하게 된다면, 당연한 말이지만 미래 세대의 사람들은 우리들에게 그 책임이 있다고 생각할 것이다."

여기에서 내셔널리즘과 애국심의 구별은, 일본인으로서는 이해하기 어려울지 모른다. 마크롱이 말하는 내셔널리즘이란, 자국의 권익을 주변의 형편을 돌보지 않고 추구하여, 세계의 질서를 흔드는 태도를 말한다. 여기에 비해서 애국심(patriotism)이란, 시민혁명 때에 그러했던 것과 같이, 자신이 속하는 나라의 정치에 참가하여, 보다 좋은 사회를 만들어 내려 하는 능동적인 태도이다. 트럼프 대통령으로 대표되는 내셔널리즘이 국가를 단위로 하는 종래의 민주정치를 기능부전으로 몰아가고 있다고 마크롱은 주장했다. 본래, 미국에서도 애국자를 표방한 것은 영국 국왕에 반기를 든 독립전쟁을 일으킨 공화파였다. 애착의 대상이 자유나 민주주의라는 보편적인 원리라면, 애국심은 민주주의와 조화된다.

그러나, 시민혁명의 경험을 지니지 않고 있는 일본은, 시민을 위한 정치를 만들어 내는 능동적 정신으로서의 패트리어티즘이라는 개념은 존재하지 않는 것이나 다름없다. 메이지유신 이래, 애국이라는 단어가, 초기 자유민권운동을 제외하고, 충군이라는 단어와 일체화된 것에서 보이는 것과 같이, 애국심은 시민이 자발적으로 지니는 것이 아니라, 주권자가 위에서부터 주입한 것이었다. 교육칙어가 그와 같은 공순한 국민의식을 육성하기 위한 교전이 되어, 학교교육을 통해 아이들에게 주입되었다. 이전에, 소녀상의 전시를 둘러싼 분쟁의 건에서 소개한 대로, 과거의 일본의 죄업을 비판하는 의논에 대해서, '일본국민의 마음'을 상처 입힌다고 반론한다. 일본국민의 마음은 다양하겠으나, 아베정권을 둘러싼 정치가는 지금도 '일억 일심'의 환상을 가지고 있는 듯하다. 그들은 '국민의 마음'의 내용물을 정의하는 것은 권력자라 생각하고 있는 것인가.

패전과 전후개혁에 의해 일본에서도 민주주의하에서의 교육이 시작되었을 것이었다. 그러나, 정부가 학교교육에서 강조하는 애국심은, 마크롱의 말을 가져오자면 '패트리어티즘'이 아니라, '내셔널리즘'이다. 모리토모학원 유치원은 아이들에게 교육칙어를 암송시키는 교육을 자랑으로 하고 있다. 아베 수상 부처夫妻가 이것에 공명共鳴하여, 부인은 명예교장을 맡았다. 이 한 건만 봐도, 자민당의 우파가 교육칙어나 충군애국의 반민주주의적 교육에 강한 집착을 지니고 있는 것은 명백하다. 아베정권은, 교육칙어를 헌법이나 교육기본법 등에 반하지 않는 형태로 교재로서 가져오는 것까지 부정하지 않고 있다는 각의결정까지 내렸다(2017년 3월 31일).

앞에서 보았던 대로, 도덕이 정규교과가 되어, 국가를 사랑하는 태도의 육성은 도덕교육의 중요항목으로 거론되고 있다. 그렇게 된다면, 아이들의 국가를 사랑하는 태도에 대해서 교사가 평가를 내리게 된다. 그렇게 된다면, 애국자스럽게 보이는 외형적인 애국심을 아이들이 몸에 지니는 결과가 될 것이 분명하다. 미국독립전쟁이나 프랑스혁명의 과정을 보면 명확한 바와 같이, 본래의 패트리어티즘은 자유를 탄압하는 악한 지배자에 대한 반역과 표리일체였다. 아베 수상이 찬미하는 메이지유신도, 서남 여러 번의 하급무사들에 의한 반체제운동으로부터 시작되었다. 그러나, 메이지유신이라는 체제가 성립되자, 막부에 대한 과거의 반역자는 자신들에 대해 비판을 금하는 교육 등을 통해서 체제에 대한 충성심을 함양하는 데에 필사적이게 되었다.

애국의 이름하에, 정치에 대한 비판적인 시좌를 쓸어버리는 것은, 결국, 정치의 쇄신의 원동력을 소거하는 것으로 이어진다. 여기에서, 정부가 말하는 애국심에 대항하여, '자신이 속하는 정치공동체에 참가하여, 그 향상을 위해 행동한다'는 의미로 패트리어티즘을 정의할 필요가 있다. 물론, 그와 같은 패트리어티즘을 지닐지 어떨지는 개인의 선택에 맡겨져야 할 것이다. 단, 민주주의를 통한 정치참가를 새삼스레 패트리어티즘의 실행이라고 요란을 떨 것은 없다. 단지, 애국심과 패트리어티즘을 구별하여, 정부가 강요하는 애국심은 권력에 대한 비판이라는 민주주의 불가결의 원리를 파괴한다는 점을 경계하는 것이 필요하다.

3. 규제된 보도, 자숙하는 미디어

미디어의 규제와 자숙

정치권력이 자신에 대한 비판적인 시좌를 사회로부터 일소하기 위해서는, 매스미디어를 제압하는 것이 불가결하다. 제2차 아베정권은, 제1차 정권이 정치와 돈을 둘러싼 여론의 비판을 뒤집어쓴 끝에 2007년의 참의원선거에서 대패하여, 붕괴했던 교훈을 학습하고 있다. 용이한 통제대상은 TV이다. 방송사업은, 총무대신의 면허에 의해 행해지는 인가사업으로, 감독관청의 통제가 듣기 쉽다. 아베정권의 다카이치 사나에高市早苗 총무대신은, 2016년 2월 8일의 중의원예산위원회에서, 방송사업자가 방송법을 위반하여, 정치적 공정이 결여된 보도를 반복한 경우에는 전파정지명령을 내리는 일도 있을 수 있다고 답변했다. 그리고, 불공정의 예를 다음과 같이 들었다.

① 선거기간 중이나 근접한 기간에, 고의로 특정 후보(예정)자만을 상당한 시간에 걸쳐 거론하는 특별방송의 방영

② 국론을 이분하는 류의 정치과제를 거론할 시, 한쪽의 정치적 견해를 들지 않고, 특히 다른 쪽의 정치적 견해만을 들어 지지하는 내용을 상당시간에 걸쳐 반복하여 방송한 경우 등, 방송편집이 불편부당한 입장으로부터 명백히 일탈하고 있다고 생각되는 극단적인 경우

이러한 경향을 극단으로 표현하는 방송이 있다면, 그것은 불공정이라는 비판을 받을 것이다. 그러나, 실제 방송의 세부 내용에 있어 무엇이 불공정인지 비판하는 것은 어렵다. 정권이 진행하는 정책의 문제점을 객관적인 사실에 비추어 상세하게 체크하는 방송을 만든 경우, 한쪽의 주장만을 거론하고 있다는 비판을 받을지 모른다. 이때에, 뉴스를 제작하는 측은 불공정이라는 비판을 받지 않도록 신중한 대응을 취하게 된다. 실제로, 정부, 자민당은 보도기관에 대해서, '공정'한 보도를 요구하는 신청을 선거 때마다 행하고 있다. 또한, 2014년 중의원 선거 직전에 아베 수상이 TBS의 방송에 출현한 때에, 아베노믹스의 효과가 느껴지지 않는다는 가두인터뷰에 대해서, '전혀 (민심의) 목소리가 반영되어 있지 않다. 이상하지 않은가?'하고 불쾌감을 보인 적이 있었다.

정치보도 중에 가두인터뷰에서의 시민의 목소리를 소개하는 것은 종종 있어왔다. 다수의 인터뷰로부터 실제로 방송하

는 것을 선택하는 데 있어 방송국의 재량이 개입되는 것은 불가피하다. 가두의 목소리의 압도적 다수가 아베노믹스의 효과에 대해 부정적이라면, 부정하는 목소리가 많은 것을 전하는 것이야말로 공정한 보도일 것이 틀림없다. 그러나, 정부, 자민당은 형식적인 양론병기를 공정하다고 생각하고 있다. 아베 수상의 불만에 응하여 양론병기, 긍정과 부정을 같은 비율로 전하면, 수상은 만족할 것이나, 부정적인 목소리가 많다는 현실을 왜곡하는 것이 될 것이다.

2016년을 시작으로 하여, NHK의 클로즈업 현대의 캐스터를 맡고 있던 구니야 히로코, 테레비 아사히의 보도스테이션의 캐스터를 맡고 있던 후루타치 이치로, TBS의 뉴스23의 코멘테이터를 맡고 있던 기시이 시게타다가 차례로 방송에서 강판되는 사태가 일어났다. 이러한 보도인은 정부가 진행하는 정책의 문제점에 대해서 의문을 보이는 것을 주저하지 않았다. 그 솔직함에 대해서, 편향이라는 공격을 가한 것이다. 정부가 그들의 강판을 강제한 것은 아니다. 그러나, 권력에 의한 전파정지라는 처벌을 넌지시 암시하며 형식적 공평을 요구하는 것으로, 권력은 사실에 관한 보도를 자신이 원하는 대로 왜곡하는 것이 가능하다.

정부는 방송국에 대해서 인허가권을 지니고 있으나, 그것을 직접행사하는 것은 아니다. 일반론으로서, 불공정한 방송을 반복하면 전파정지명령도 있을 수 있다고 말하는 정도이다. 그렇게 하면, 방송국에서는 어떤 범위까지의 보도, 해설이 공평하다고 판단한 후, 안전책을 취하게 된다. 그리고, 자주 규제, 촌탁이라는 현상이 만연하게 된다. 그것이야말로 정부가 노리는 바이다. 정부에 대한 비판적인 정보나 코멘트가 흐르지 않는 것은 방송국의 '자주적' 판단이니, 정부가 책임을 추궁받을 일은 없다. 말하자면, 이것은 소프트한 언론 탄압이다.

권력자의 거만을 비판하지 못하는 미디어

국회 심의에서 아베정권이 언어를 파괴하고 있는 것은, 앞에서 본 바와 같다. 언어의 파괴는 미디어와의 관계에서도 진행되고 있다. 특히 그 병리가 심각한 것은, 스가 요시히데 관방장관의 기자회견에 있다. 관방장관은 내각기자회를 상대로, 매일 기자회견을 열고 있다. 거기에서는, 기자가 국정전반에 대해서 정부의 방침을 질의한다. 모리토모·가케학원 문제나 오키나와 헤노코 매립 등으로 정부의 정책, 행동의 합법성이나 적절성에 대해서 물음이 빈번하나, 스가 장관은, '문제 없다', '적절히 판단했다'라는 무뚝뚝한 회답만 반복하고 있다. 어째서 문제없는가, 그 근거는 일절 설명하지 않는 것이 스가화법이다. 무엇을 논증할 때에는 근거를 보이고, 논리나

인과관계를 중시한다는 상식이 정치의 세계에서는 파괴되어 있다.

더 나아가, 기자회견에서 끈질기게 물고 늘어지는 도쿄 신문의 모치즈키 이소코望月衣塑子 기자에 대해서, 스가장관 은 관저보도실을 통해 짓궂은 행동을 하였다. 관저로부터는, 2017년부터 9회에 걸쳐서, '사실에 기초하지 않는 질문은 엄히 자중했으면 한다'라거나, 기자의 의견을 말하는 장소는 아니라는 의견을 도쿄신문에 대해서 보내는 등의 행동을 취했다. 모치즈키 기자에 대한 짓궂은 행동은, 뒤에 도쿄신문 이외의 신문에서도 거론되었다. 그러나, 스가 관방장관은 설명거부를 반성하는 일 없이, 사실에 기초하지 않는 질문은 용서하지 않는다고 위협을 반복했다. 또한, 모치즈키만을 대상으로, 보도담당의 내각직원이 질문 도중에 '간결히 하라'는 주의를 반복하였다. 모리토모·가케학원 의혹이나 남수단에서의 자위대 활동의 일보日報의 은닉에 대해, 허위의 답변을 반복해 왔던 아베정권이 정부에 대해 비판적인 기자에 대해서 사실에 기초한 질문을 하라고 협박하는 것은, 거만과 모순의 극치이다.

또한, 모리토모학원에 대한 국유지 불하를 둘러싼 결재문서의 위조문제로, 도쿄신문기자가 2017년 6월, 재무성과 긴키재무국과의 협의에 관해서 "메모가 있는지 어떤지 조사해 줬으면 한다"고 이야기하자, 하세가와 에이이치 내각정보관으로부터, "기자회견을 관방장관에 요청가능한 장소로 생각하는가"라고 문서로 질문이 있었다. 이런 사항에 대해 동 신문이, "기자는 국민의 대표로서 질문에 임하는 것이 가능하다. 메모의 유무는 많은 국민의 관심사이며, 특별히 문제가 없을 것이라 생각한다"고 답하자, "국민의 대표란 선거에서 선출된 국회의원이다. 귀사는 민간기업으로, 회견에 나오는 기자는 귀사 내의 인사로 정해진 이이다"고 반론하고 있다(『도쿄신문』, 2019년 2월 20일 조간).

매스미디어는 국민으로부터 선출된 기관은 아니나, 국민의 대리로서 정부로부터의 정보를 수집한다. 그 정보는 국민이 정치에 참여하기 위해 불가결하다. 말하자면, 미디어는 국민의 정치참여를 가능하게 해주는 수족이자 눈과 귀이다. 정부가 미디어에 대해 제대로 응대하지 않는 것은, 국민을 무시하는 것이다.

아사히신문의 정치기자를 역임하고 신문노련위원장을 역임한 미나미 아키라는, 권력과 미디어의 관계의 변화에 대해서 다음과 같이 지적하고 있다.

현 상황에 대해서 관저기자클럽에 앙케이트를 받으면, 사전에 질문통고를 하지 않았다고 화내는 것을 본 기자가 33인 중 7인이라거나, 관방장관이 야경을 돌 때에, 녹음하지 않는 것을 보이기 위해 스마트폰의 레코더를 장관의 눈앞에서 봉투에 집어넣는다거나, 이전에는 생각하지도 않은 것이 이뤄지고 있습니다. 무시당하고 있는 건가? 세간으로부터 보자면 그렇게밖에 비치지 않습니다. 이래서야 신뢰를 받지 못합니다(『주간토요신문』, 2019년 8월 11일).

신문이나 티비가 주요한 정보매체가 되지 않게 되었기에, 권력을 잡은 측은 신문에 대한 정보의 제공을 컨트롤하기 쉽게 되었다. 신문사 측에서는 정보를 받기 위해 권력에 대해 비판적인 자세를 약하게 하지 않으면 안 되게 되었다. 그러나, 구미의 미디어 중에서는 권력에 대해서 자립적인 스탠스를 유지하고 있는 곳도 많다. 권력감시라는 중요한 역할을 담당하는 미디어에 대해서는, 격려와 비판이 필요하다.

공포에 의한 지배

아베정권은, 외국의 위협을 선동하는 것에 의해 정권에 대한 지지를 넓히는 안이한 수법을 취하고 있다. 그것은, 2017년 10월의 중의원 총선거에 이르는 과정에서도 보여졌다.

북한 정세의 긴박화에, 아베 정부는 2017년 4월 21일에, 일본이 미사일공격을 받았을 때의 '피난' 방법을 내각관방의 홈페이지에 게재했다. 거기에 의하면, 경보가 발령되면 안전한 건물에 들어가, 창문으로부터 떨어지는 낙하물에 대한 안전을 확보해야 한다는 것이다. 정부가 이것으로 국민의 안전을 확보했다는 생각이라면, 참으로 희극적이다. 실제로 2017년에는 많은 지역에서 피난훈련이 행해졌다. 야마가타현 사카타시에서는, 농작업 도중의 사람들이 용수로의 구덩이에 머리를 싸매고 수그리는 피난훈련이 행해졌다.

이 에피소드는, 기류 유유가 『시나노 마이니치 신문』에 쓴 「간토 방공대 연습을 비웃는다」라는 논설을 상기시킨다. 유유는, 1933년 8월, 당시 군부가 가상적국의 도쿄에 대한 공습을 상정하고 연습을 행한 것에 대해, 이것은 군인의 자기만족에 지나지 않는다고 논파했다. 그리고 현대 전쟁에서는 '공습 폭격한 것에 의해 승리가, 공습 폭격을 받은 것으로 패배가 결정된다'고 썼다. 이에 대해 군부가 반발하여, 재향군인회가 불매운동을 일으켰기에, 유유는 시나노 마이니치 신문을 퇴사하는 것을 피할 수 없었다.

미사일의 시대에 이러한 유유의 지적이 다시금 다가온다. 대도시나 원자력발전소에 미사일이 떨어진다면 일본은 막대한 피해를 입게 된다. 쏘는 미사일을 맞지 않게 하는 것이 정부의 임무이다. 그러나, 위기를 선동할 뿐인 아베정권, 전쟁의 현실인식이 결여되어 있던 전전의 군부의 사고에서 진보하고 있지 않다.

2017년 8월 29일 오전 5시 57분, 8분(일본시간)경, 북한은 탄도 미사일 발사실험을 실시했다. 미사일은 6시 6분경 에리모미사키 상공을 통과하여, 6시 12분경 에리모미사키의 동쪽

118km 해역에 착수했다. 정부는 6시 2분에, 나가노, 군마, 도치기, 이바라키 이북의 도현에 대한 미사일 발사 정보를 J 얼러트(전국 순시 경보 시스템)에 발신했다. 이른 아침의 경보에 일어나게 되어 버린 사람도 많았다. 또한, 교통기관은 미사일 착수가 확인될 때까지 일시적으로 통행을 중지 당했다.

미사일은 일본에 있어서 위협이다. 그러나, 아베 수상은 티비회견에서, '처음부터 사태를 파악하고 있다'고 호언한 것에서, 국토에 착탄하는 일은 없을 것이라고 알고 있었을 것이다. 아침 출근 러시아워대에 심각한 혼란을 가져오는 간토권을 일부러 배제한 북간토와 도호쿠, 신에츠, 홋카이도에 경보를 발하여, 사람들을 깨운 것은, NHK를 중심으로 하는 TV가 미사일 착수 후에도 연연히 정보를 흘러낸 것은, 있을 법하지 않은 위험을 과장하는 것으로 사람들을 공포에 빠지게 하여, 사고정지로 몰아넣기 위한 것은 아닌가 하고 말하는 것도 부정할 수 없을 것이다.

당시, 7월의 도쿄도 의회 선거에서 대패하고, 모리토모·가케학원 의혹에 의해 내각지지율이 저하되었다. 북한의 미사일 위험은 열세를 만회하는 절호의 기회였다. 9월 말의 중의원 해산 시에는 '국난'을 극복한다고 칭했다. 이 총선거에서 자민당이 압승할 수 있었던 것은 야당의 분열이 최대의 원인이었으나, 북한의 위협도 정권에 유리하게 이용한 것은 틀림없다. 실제로, 아소 다로 부총리는 총선거 후 10월 26일에, 총선거의 승리는 "명백히 북한 덕도 있다"고 말했다.

　공포심을 선동하여 선거에 승리한다는 수법은, 아소 자신이 헌법 개정에 있어서 "나치스의 수법에서 배우면 어떨까"하고 발언한 것을 상기시킨다. 1933년 1월 30일에 정권을 잡은 히틀러는, 권력기반을 강화하기 위해 의회를 해산했다. 3월 5일 투표가 예정되어 있던 중에 국회의사당이 2월 27일 방화로 잿더미가 되었다. 나치스는 이것을 공산주의자의 소행으로 선전하여, 선거에서 나치스는 199석으로부터 288석으로 약진했다. 새로운 의회에서, 나치스는 중앙당의 협력을 얻어 전권위임법을 제정하여, 독재체제를 굳혔다. 진상이 불분명한 의사당 방화사건과, 북한에 의한 미사일 실험은 성질을 달리하나, 쇼크를 정치적으로 이용하여, 국민에 증오와 공포를 불러일으키는 것으로 자당에 유리한 민의를 유도한다는 수법은 같다. 2017년의 총선거에서 얻은 압도적 다수에 기초한 자민당이 헌법개정을 실현한다면, 그것이야말로 나치스가 수법으로 썼던 것을 모방한 헌법파괴이다. 아베정권과 히틀러정권을 동렬에 두는 것은 틀릴 것이다. 그러나, 미디어를 이용한 정보조작과 민의의 유도에 의해 민주주의가 위협받고 있는 현재의 위기를 생각할 때에 1930년대에 독일 나치스가 대두한 과정은 교훈이 된다.

　이 이야기에는, 후일담도 있다. 트럼프 대통령은 2018년 이래, 북한의 최고지도자 김정은과 여러 번 회담하여 비핵화를 향해 서로 대화해 가는 노선을 취했다. 그리고, 북한이 발사한 단거리 탄도미사일은 위협이 아니라고 인정하게 되었다. 그러자, 아베 수상도 이 인식을 모방하였고, 2019년 7월 25일 아침, 북한이 단거리 탄도 미사일을 발사했을 시 여름 휴가 중이었던 아베 수상은, 미사일 발사는 문제가 아니라며, 골프를 계속했다. 권력자의 상황에 따라, '2+2'는 4가 되기도, 5가 되기도 한다는 조지 오웰의『1984년』의 스토리 그대로이다.

제6장

'전후'는
이대로 끝나는가?

이 장에서는, 전후 일본의 민주주의의 현상을 점검하여, 여기에서 어디로 향해갈지를 논하고자 한다. 과거에, '전후 레짐으로부터의 탈각'을 주창하여, 지금도 헌법개정에 집착하는 아베 수상이 권력을 지키고 있던 이 수년간, 전후 정치의 틀이나 가치가 어떻게 바뀌었는가. 또한, 많은 국민이 적극적으로 개헌에 찬성하지 않더라도, 아베정치의 유지를 허락하고 있는 이유는 어째서인가, 다양한 데이터를 기초로 고찰하고자 한다.

전후의 민주주의의 가치나 원리는, 아베정치에 의해 흔들리게 되어, 붕괴되기 시작했다. 한편으로, 헌법이나 평화국가의 아이덴티티를 지키려고 하는 운동도 새롭게 확산되는 것이 보이고 있다. 전후 정치의 틀로부터, 개인의 존엄, 사회의 다양성이나 관용이라는 가치를 꺼내려는 새로운 포스트 전후의 틀이 형성되려는 것인가, 세대의 교체나 환경변화에 대응하여 전후 정치의 틀이 그 기본적인 정신을 계승해가며 갱신되려는 것인가, 우리들은 큰 기로에 서 있다. 우선은, 우리들이 놓여 있는 역사적 문맥을 확인하는 것에서부터 논의를 시작하고자 한다.

1. 전후합의의 시대

전후 일본의 아이덴티티

전후 일본의 경우, 정치체제는 기본적으로 민주주의로 분류된다. 단지, 정치의 기본이 되는 헌법원리에 평화주의가 포함되어 있는 것이, 타국에 없는 특질이다. 제2차 세계대전의 추축국들은 패전 후, 연합국에 의해 민주화되었다. 일본에서는, 전후체제의 규범 안에 전쟁포기 조항이 이식되어, 민주화와 비군사화가 병행되게 되었다.

추축국 중에서, 일본에서만 비군사화가 강조된 것은, 전후 정치체제에 있어서 천황제가 유지되었던 것과 밀접하게 관련되어 있다. 일본제국의 최고 권력자였던 천황이 전후에도 연명하여, 군주제가 존속되는 것에 대해, 미국 이외의 연합국으로부터 비판의 목소리도 있었다. 미국은 점령을 원활히 진행하기 위해서 천황을 필요로 했으나, 이러한 천황에 비판적인 국제여론도 무시할 수 없었다. 그렇기에, 천황제가 존속되는 일본이 두 번 다시 군국주의에 빠지지 않을 것을 확실히 하기 위해 헌법에 전쟁포기, 비군사화의 조문을 넣었다. 일본국헌법의 서두의 두 장이, 천황과 전쟁포기인 것은, 이러한 역사적 경위의 반영이다.

점령이 끝난 일본이 독립을 회복한 후, 전후 정치체제의 정통성 근거가 되는 헌법자체가 정치의 최대쟁점이 되었다. 1950년대는 헌법을 둘러싼 정치(constitutional politics)가 가장 활성화되었던 시기였다. 전쟁종료 후 얼마 지나지 않아 동서냉전이 시작되었고, 중국에서는 공산혁명이 실현되어, 일본은 냉전대립의 최전선에 위치하게 되었다. 미국은 전쟁책임의 추구와 일본의 민주화를 중도에 포기하였고, 구일본제국의 지도자였던 정치가를 복권시켜 친미정권을 만들었다. 미국에 의해 사면받은 지도자의 많은 수는, 전후 정치체제의 정통성을 부정하며, 자주헌법 제정을 주창했다. 여기에 대항하여, 전후 민주화의 수혜자였던 좌익정당이나 노동조합이 정치체제의 옹호를 주창하는 운동을 전개했다. 헌법정치를 둘러싼 대립이 클라이막스에 달한 것은, 1960년의 미일안보조약의 개정을 둘러싼 정치적 분쟁이었다. A급 전범 용의자이면서도 미국에 의해 사면되었던 기시 노부스케는, 1957년에 수상에 올랐다. 그리고, 전후 정치체제의 전환에 착수했다. 미일안보조약의 개정은, 헌법개정의 이정표였다. 야당은 미일안보에 의해 일본이 미국이 일으킨 전쟁에 휩쓸릴 위험이 있다고 주장하여 반대했다. 그리고, 조약이 중의원에서 강행 체결되자, 미증유의 반대 데모가 일어났다. 조약자체는 중의원의 가결에 의해 자연 승인이 되었으나, 기시는 정치의 혼란과 아이젠하워 미 대통령의 방일 취소의 책임을 지고 사임했다.

여기에서, 전후 정치체제의 정통성을 둘러싼 싸움에는 잠정적인 결착이 맺어졌다. 많은 시민이 항의운동에 나섰던 점은, 안보조약에 대한 반대는 물론이거니와 기시의 개헌을 향한 정치수법에 대한 반대나 불안이 큰 이유였다. 중의원의 강행체결 후에 항의운동은 급속도로 큰 규모로 조직화되었다. 안보반대운동은 민주주의 옹호 운동이기도 했다.

기시의 뒤를 이은 이케다 하야토는, '인내와 관용'이라는 슬로건하에서, 경제성장노선을 내세워, 국민의 큰 지지를 얻었다. 헌법개정보다도, 국민에 풍요를 가져오는 것으로 자민당은 안정정권을 구축하는 것이 가능했다. 이케다 정권을 지탱한 오히라 마사요시, 미야자와 기이치宮澤喜一 등 대장성 관료출신의 브레인들이 이 노선을 연출했다.

비교정치학자인 후안 린츠(Juan Linz)는 정치체제의 안정을 규정하는 요인으로서, 정통성과 유효성을 들고 있다(The Breakdown of Democratic Regimes: Crisis, Breakdown and Reequilibration. Johns Hopkins University Press, 1978). 예를 들면 미

국독립이나 프랑스혁명과 같이, 정치체제의 창설에 국민자신이 참여한 경위나 신화가 강고하다면, 정통성은 높다 할 수 있다. 또한, 정치시스템이 국민의 요구에 화답하여, 생활의 안정을 가져온 정책을 제공했다면, 유효성은 높다. 패전이 가져오게 된 민주주의에 있어서, 이 두 가지의 요소는 항상 충분하다고는 단언할 수는 없다. 독일의 바이마르 공화정의 경우, 좌우양극에 공화국체제를 인정하지 않는 세력이 존재했고, 정통성은 취약했다. 그리고, 거액의 배상과 세계공황의 충격 때문에 경제가 대혼란에 빠져, 유효성도 저하되었다. 그랬기에, 1930년대에 민주정은 붕괴했다.

전후 일본의 경우, 좌익은 마르크스 레닌주의를 신봉하면서도, 헌법체제를 옹호했다. 정통성에 대한 도전은, 어디까지나 우익 측에서 기획되었다. 그리고, 이 동요를 일단 멈추게 한 것이 60년의 안보투쟁과 그것이 가져온 기시정권의 퇴진이었다. 그리고, 60년대 이후의 고도경제성장 속에서 유효성은 향상되어, 전후체제는 안정되었다. 전후 일본의 통치의 구조는, 1960년에 형성되었다고 해도 좋다.

자민당의 현실노선

지배정당 자민당은, 전후체제의 정통성을 전면적으로 승

인한 것은 아니었다. 정통성을 부정하는 우파세력을 당내에 내포해가며, 정통성을 향한 도전을 봉인하고, 정권을 유지했다. 이것이 자민당의 현실노선이었다. 그리고, 이 봉인을 강고히 한 것은, 자민당의 지도자의 현실감각과, 그 배후에 있는 국민들의 전쟁체험의 기억이었다.

자민당의 현실주의를 지지한 것은 두 종류의 정치가였다. 첫 번째로 전에도 언급한 관료(특히 대장성)출신의 정치가였다. 그 대표자는, 이케다 하야토, 마에오 시게사부로前尾繁三郎, 오히라 마사요시大平正芳, 미야자와 기이치였다. 그들은, 차금을 계속하여 군비를 증강하여, 미국을 상대로 전쟁을 걸어 국가를 멸망하게 했던 군국주의 일본의 지도자의 어리석음을 재정가의 입장에서 보아왔다. 재정이라는 수량합리성의 세계에서 일을 해 왔기에, 광신적인 군국주의자들과는 일선을 그었다. 전후, 그들은 정계에 입문하여 자민당 정권을 지탱했다. 비생산적인 군사지출을 억제하고, 국력을 경제부흥, 경제성장에 집중적으로 투입하기 위해서 헌법 9조는 쓰기 좋은 도구였다. 미국으로부터의 방위력 강화의 압력에 대해서도 헌법을 방패로 삼는 것이 가능했다. 그 의미에서, 그들은 전후헌법의 의미를 현실적으로 체득하고 있었다.

두 번째로, 지방에 뿌리를 내린 토착정치가들이었다. 그 대표적 인물은 다나카 가쿠에이였다. 그들은, 전후의 농지해방에 의해 자작농이 된 농민을 지지 기반으로 삼고 있었다.

또한, 지지자의 많은 수는 보수적인 인식을 지녔었으나, 전쟁의 고난은 같이 경험하고 있어, 그 의미에서 평화 지향적이었다. 다나카 가쿠에이의 후원회인 에쓰잔카이越山会에, 전쟁 전에 소작쟁의를 벌였던 농민운동가가 많이 있던 것은 잘 알려져 있는 사실이다. 전후의 민주화의 수익자였던 농민을 지지 기반으로 하는 이상, 그들은 전후의 민주화를 부인하는 일은 할 수 없었다.

이 두 종류의 정치가의 제휴는, 후자를 중심으로 하는 게이세이카이経世会(다케시타파)와 전자를 중심으로 하는 고치카이宏池会(미야자와파)의 협력이라는 형태로 나타나는 일도 있었다. 이러한 현실주의적 자민당 내에서, 개헌에 집착하는 우파는 방류였다. 이케다 이후 20세기 후반에 이르기까지 자민당의 수상 중에, 우파계열은 후쿠다 다케오福田赳夫와 나카소네 야스히로뿐이었다. 그 후쿠다조차도, 수상재임 중에는 중일평화우호조약을 체결하여, 전방위외교를 주창했다. 동남아시아 순방 시에는, 후쿠다 독트린을 내세워, 헌법9조하에서의 평화국가라는 아이덴티티를 해외에 향해 발신했다. 80년대의 나카소네 야스히로 수상은 '전후 정치의 총결산'이라는 정치적 슬로건을 걸고, 야스쿠니신사 공식참배를 행했다. 그러나, 근린국가들의 강한 반발을 받고, 그 이후로는 참배하지 않았다. 또한 나카소네 정권을 지지했던 브레인인 고야마 겐이치香山健一, 구몬 페이公文俊平 등은, 일급의 지식인으로, 근대 민주주의의 가치를 공유하고 있었다.

전후 민주주의는 허망했던가

이러한 자민당의 현실주의적인 통치의 틀은, 어느 종류의 픽션에 의거하고 있었다. 헌법9조의 승인과 이용은, 자민당에 있어서 암묵지暗默知였다. 헌법9조 아래에서도, 국가의 자연권인 자위권을 실현하기 위해서 필요 최소한도의 자위력을 보유가능하다는 해석은, 곡예였다. 헌법학계에서는 전수방위의 9조 해석을 지지하는 설은 소수파였고, 이 해석은 논리적으로 무리가 있다는 것이 전문가의 견해였다. 그러나, 자위대가 재해출동 등으로 사람들에 공헌하고 있는 현실이 정착되어 가는 데에 따라서, 국민의 사이에서는 9조도 자위대도 지지하는 의견이 다수파가 되었다.

정식으로 군비를 인정하는 내용의 헌법개정을 주창하는 우파가, 자민당 내에는 존재하고 있었다. 그러나, 자민당의 우파, 개헌파는 강요된 헌법을 비판해가며, 헌법을 강요한 미국에 항의하지는 않았다. 아시아·태평양전쟁의 정통성의 주장은 어디까지나 국내와, 피해자였던 아시아 여러 국가들에만 향해졌고, 도쿄재판에서 일본의 전쟁범죄인을 재판할 것을 주장한 미국에 대해서는 주장되지 않았다. 자민당의 창립자 중에서는, 기시 노부스케와 같이, 전쟁범죄인으로 지명되었으면서도, 미국에 의해 사면되어, 복권의 후원을 받은 정치가가 있었다. 또한, 자민당 결성에 있어서는, 미국의 CIA(중앙정보국)로부터 자금원조를 받고 있었다. 이와 같이, 국내나 아시아에 대해서는 패전을 부인해가며, 미국의 전후처리 속에서 미국의 하수인(junior partner)로서 살아가는 노선을 자민당 정권은 선택했다. 강요된 헌법이라는 비판은 결코 강요의 장본인인 미국을 향하는 일은 없이, 어디까지나 민주화의 수익자인 국민에 향해졌다. 이 점을 파악하여, 정치학자인 시라이 사토시白井聰는 영속패전체제라 이름 붙였다. 패전을 부인하며, 헌법개정을 지향하려 하면 할수록, 미국에 패배하고 만들어진 종속구조로부터 벗어날 수 없게 된다는 것이다.

영속패전체제가 일본의 기본구조라면, 전후 민주주의는 전부 허망한 것으로, 단지 일본인은 미국이 만든 무대 위에서 나라의 중요한 정책을 자신이 결정하는 일도 없이, 금세 부스러질 민주주의 정치를 해온 것이 된다. 그러나, 그것은 과도한 단순화이다. 개헌파와 우파가 대미와, 대국민·아시아 여러 국가들을 나누는 이중 기준에 대해서는, 시라이의 지적과 같다. 그러나, 전후의 자민당의 지도자 중에서는, 미국과 압력을 주고받아가면서 그 나름의 평화국가와 경제발전이라는 일본의 국익을 추구한 정치가도 있었다. 이것을 전부 종속구조라 간주하는 것은 잘못이다. 여기에는 제약조건하에서이

긴 하나 어느 정도의 주체성이 있었다. 헌법을 이용하는 교활함을 지닌 정치가가, 자민당에는 존재했다. 또한, 정권에 따라 헌법9조에 대한 조력의 정도는 달랐으나, 아무튼 헌법9조를 유지하여, 헌법하에서 안보·외교정책을 전개해 왔던 것에도 의미가 있었다. 헌법9조는 아시아, 더 나아가 세계에 대하여 일본이 군사면에서의 대국이 되지 않을 것이라는 안심을 공여하는 근거가 되었다. 그것은 전후세계질서의 하나의 구성요소가 되었다. 또한, 일본국민들 속에서 평화국가라는 아이덴티티가 확립되는 데에 기여한 것도 중요하다.

전후합의의 형성

다만 전후 일본의 경우, 보수정당이 장악한 정치자체가, 국가체제의 원리를 정면에 내세워 그 옹호를 국체로 한 독일과 같은 형태를 취한 일은 없었다. 헌법체제, 국가경영의 기본노선은, 몇 가지의 우발적인 사정에 의거한 어떤 의미로는 취약한 것이었다. 그러한 유보 조건이 붙어있긴 했으나, 아무튼 1960년대부터 2000년 즈음까지 일본정치를 지탱한 전후합의는 다음과 같은 내용을 포함하는 것이었다.

첫 번째로, 냉전구조를 배경으로 한 미국에 의한 비호였다. 미소대립이라는 구조 속에서, 일본은 미국에 있어 유라시아 대륙 동편의 거점이었다. 군사전략상 일본은 필수 불가결한 도구였기에, 미국은 일본을 자신의 진영에 넣어, 자국의 시장을 개방하여 일본의 경제발전을 지원했다. 이것은, 전후 일본의 경제성장에 있어서 전제였다. 대미협조는 전후합의의 기둥이었다.

두 번째로, 아시아에 있어서 특히 발군의 경제대국이라는 프라이드였다. 패전 후 빠른 부흥을 이루어, 미국에 이은 세계 제2위의 경제대국이 된 것은 일본인의 자존심을 지탱했다. 이 자존심으로 인해, 주변 여러 국가들에 대해서도 관대한 태도로 아시아지역의 리더로서 경제원조를 행했다. 그것은 또한, 군사대국을 봉인한 평화국가에 맞는 행동이기도 했다.

세 번째로, 전쟁의 기억이 생생한 데에서 온 배외적 내셔널리즘의 봉인이었다. 이 시대를 살아간 태반의 일본인에 있어서 일본의 군대가 중국이나 동남아시아에서 얼마만큼 포학하기 그지없었는지는 자명했다. 난징 대학살이 있었는지 없었는지 문제시 삼는 일은 없었다. 희생자의 수에 대해서 논쟁이 있었다 하더라도 일본군이 대량의 중국인을 살육한 것은 사실로서 이해되어 왔다. 또한, 일본이라는 국가가 병사의 목숨을 경시하고, 병참 없이 무모한 전투에 병사들을 투입하여, 막대한 희생을 낳은 것도 자명한 사실이었다. '자위를 위한 성전' 등의 도그마는, 그 시대를 살아간 사람들에 있어 실감나게 받아들여지지 않는 허구였다. 그렇기에, 온건보수 진영의 정치가나 그것을 지지하는 일반인들은, 한층 더 주변 여러 국가에 대해 정치적, 군사적인 우월성을 과시하거나, 과거의 전쟁을 정당화하거나 하는 언설言說을 전개할 동기를 지니지 않았다. 평화국가라는 아이덴티티는 그러한 실감實感에 지지되었던 것이다.

네 번째로, 일본의 시민이 지니는 주권자로서의 최저한의 행동력이나 비판성이었다. 이전에 언급한 대로, 전후 정치의 틀은 1960년의 안보투쟁을 계기로 성립되었다. 안보투쟁에서 기시 정권 타도를 외친 시민·학생들은 1960년대에는 풍족한 생활을 추구하는 생활자가 되었다. 그러나, 자민당 정권의 정책적 실패나 정치부패에 대해서는, 때때로 엄한 비판의 의사를 표명했다. 고도경제성장이 가져온 왜곡을 정책쟁점화한 혁신정당에 대하여 지방선거 레벨에서 지지한 것도 이러한 사람들이었다. 또한, 록히드 사건, 리크루트 사건, 사가와 큐빈 의혹 등 정치부패에 대해서는, 자민당을 심판하는 투표를 행했다. 자민당에 의한 일당우위체제는 불충분한 민주주의였으나, 시민의 비판을 받아들인 자민당이 자기수정을 행한 것도 사실이었다.

전후 50년에 있어서의 전후합의의 갱신

1990년대 전반, 자민당을 포함한 정치지도자들은, 전후헌법체제의 옹호를 위해 최대한의 노력을 기울였다. 그것은, 전쟁의 기억을 지닌 정치가가 지도적 위치에 있던 최후의 시기였던 것에서 가능했다. 1991년 걸프 전쟁 때에는, 미국으로부터 일본의 자위대의 파견을 요구받았으나, 당시의 가이후 도시키 정권은 헌법상의 제약을 이유로 이것을 거절했다. 그 후 PKO(국제평화유지군)로의 자위대의 파견은 시작했으나, 헌법 9조의 틀 안에서, 해외에 있어서의 무력행사를 하지 않는다는 원칙 속에서, 활동의 룰이 만들어졌다. 이때에는, 고토다 마사하루後藤田正晴가 헌법옹호의 후위대가 되었다.

1992년에는, 미야자와 기이치 정권하에서 천황 방중이 실현되었다. 이것은, 일본으로부터의 전쟁에 대한 정신적인 배상을 하고 싶다는 메시지였다. 또한, 중국에 있어서는, 천안문사건 이후 고립된 상황에서 국제사회로 복귀하기 위한 중요한 계기가 되었다. 1993년에는, 미야자와정권의 고노 요헤이河野洋平 관방장관이 '종군위안부'에 관한 담화를 발표하여, 사죄의 의사를 명백히 했다.

그리고 1994년에는, 호소카와 모리히로細川護熙 정권성립에 의해 처음으로 야당이 된 자민당은, 사회당과 손을 잡아 정권복귀를 이뤄냈다. 전후 50년을 맞이하여 자민당과 사회당이 연계하여 정권을 만들었던 것은, 당시의 정계재편의 움직임 속에서 일어난 우연이었다. 그러나, 양자는 협력하여, 전후 50년의 타이밍에 전후헌법체제의 갱신작업을 행했다. 그 하나가, 무라야마 담화이다. 사회당은 정권획득에 있어서, 긴 세월에 걸친 자위대 위헌론의 깃발을 내리고, 자민당 정권이 가지고 있던 전수방위의 9조 해석을 받아들이는 노선전환을 행했다. 한편, 자민당은 침략전쟁과 식민지 지배를 반성, 사죄하는 무라야마 담화를 받아들이는 결단을 했다.

　당시의 자민당의 지도층에는, 미야자와 기이치, 가지야마 세이로쿠梶山静六, 노나카 히로무野中広務, 하시모토 류타로, 가토 고이치加藤紘一 등 전쟁을 아는 세대의 온건한 정치가가 포진해 있었다. 전쟁을 경험한 세대가 살아있는 동안에, 일본으로서는 전쟁에 대해서 사죄하는 것이 일본과 아시아 여러 국가들과의 신뢰관계를 굳히기 위해 불가결하다는 인식이 존재했다.

　사회당이 헌법해석을 전환한 것과, 자민당이 전쟁이나 식민지 지배에 관한 역사인식에 대해서 세계표준을 공유한 것에 의해, 전후체제의 정통성을 둘러싼 국론의 양분된 대립은 소멸되었을 것이었다. 그러나, 헌법체제를 둘러싼 합의 자체를 흔드는 우측으로부터의 도전이 이 시기에 본격적으로 시작되었다. 침략전쟁을 반성한 것에 대한 반발은, 내셔널리즘 부활의 스프링을 강화해, 자민당을 우익적 내셔널리즘의 방향으로 끌고 가는 운동을 일으키게 되었다. 이 선두에 선 것이 아베 신조였다. 그는 당시, 중의원 당선 1회의 신진의원이었다. 그러나, 기시 노부스케의 손자라는 출신으로부터, 내셔널리즘운동의 호프(hope)가 되었다. 그의 주변에는 우익적 정치가가 모여들었고, 종군위안부 등의 역사인식, 역사교과서, 선택적 부부별성과 같은 여성의 권리 등에 대하여, 일본의 '전통'을 내팽개치려 한다 하며, 자국의 정당성과 우월성을 주장하는 운동을 고취시켜, 자국의 정당성과 우월성을 주장하는 운동을 전개했다. NHK의 교육 프로에서 종군위안부 문제를 거론했을 때에, 아베가 NHK에 개입하여 방송의 개편을 가져온 것도, 이러한 운동의 일환이었다.

또한, 민간에서는 1997년에 신토神道계의 종교단체, 우파적인 평론가, 학자가 모인 일본회의가 결성되어, 정치가 집단과 연계해가며 위에서 말한 테마에 대한 운동을 전개했다. 오늘의 아베정권은 이 운동의 20년에 거친 도달점이다.

2. 아베정치가 지향하는 포스트 전후합의

무너져가는 전후의 전제조건

아베 수상의 개헌노선이나 내셔널리즘의 고취가 어느 정도의 지지를 얻고 있고, 강한 반발을 불러오고 있지 않는 것은, 전후헌법체제, 평화국가 노선이 유효성을 잃은 데에 대한 반영이다. 전후헌법체제가 의거하고 있던 전제조건이, 2000년대에 들어와 무너진 것은 사실이다. 이를 정리하면 다음과 같다.

첫 번째로, 버블붕괴 이후의 경제의 장기정체이다. 버블붕괴 후, 90년대 후반부터 일본의 GDP는 500조 엔 후반으로 정체되어 있다. 이는, 잃어버린 30년 사이에, 정치에도 큰 영향을 끼쳤다. 앞에 소개한 대로, 린츠는, 정치체제의 안정을 규정하는 요인으로서, 정통성과 유효성 두 가지를 들고 있다. 전후 일본의 경우, 정통성의 위험을 60년 안보투쟁이라는 시민의 민주주의 옹호 운동에 의해 회피하게 된 후, 고도성장을 이어가던 중에 유효성이 현저히 높아져, 상대적인 안정에 이르렀다. 높은 유효성은 정통성의 취약성을 잠재적인 문제로 집어넣었다고도 할 수 있다. 그것이 30년에 걸쳐 이어졌으나, 90년대 전반에 버블경제가 붕괴되고, 일본은 장기적 정체의 시대에 들어갔다. 린츠의 도식에 맞춰보면, 일본에서는 유효성이 급속히 저하하여, 그것이 정통성의 취약성을 다시금 현저화시켰다고 할 수 있다. 두 번째로, 세대의 교체라는 변화이다. 전후 50년의 90년대 중반에는, 전쟁을 경험한 사람들이 정치의 지도적 지위에 있었다. 또한, 사회에서도 전쟁 경험자가 다수 생존해있었다. 역사수정주의가 퍼질 여지는 아직 없었다. 그러나, 그때부터 20년의 시간이 경과하자, 전쟁을 알지 못하는 사람들이 압도적 다수파가 되었다. 또한, 일본의 경제적 쇠약 가운데, 일본은 경제대국이라는 긍지를 잃어버리게 되었다. 자기연민 속에 그것을 벌충하듯이, 과거의 역사에 투사하여, 허세를 부리려는 분위기가 퍼져 갔다. 이렇게 역사수정주의가 점점 퍼져 갔다. 세 번째로 미국의 대일 자세에 변화가 보이게 된 것이다. 어떤 의미에서 미국을 이용할 수 있었다고 할 수 있는 미일관계도 90년대 이후 변화했다. 소련이라는 공통의 적이 소멸하여, 미국은 극동의 교두보로 삼기 위해 일본에 양보할 필요가 없게 되었다. 1990년대부터 미국 경제를 위협했던 일본에 대한 구조개혁을 요구하여,

일본 경제의 강점을 밑바닥부터 무너뜨리는 전략을 전개했다. 은행에 있어서의 BIS규제에 의해 적극적인 투자를 막고, 시가회계로의 이행에 의해 미실현이익 의존의 경영을 불가능하게 했다. 버블붕괴 이후 과거 일본경제의 장점이 되었던 특질이, 장기정체를 가져온 족쇄로 전락했다.

안전보장면에서도, 미국의 세계전략의 추구에 군사적 수단도 포함하여 지원할 것을 일본정부에 강하게 요구하게 되었다. 자위대는 전수방위를 철저히 관철하며, 해외에서는 무력행사를 행하지 않는다는 겸억적謙抑的인 자세를 유지하는 것이, 미국으로부터의 압력 앞에서 점점 곤란하게 되어 갔다. 중국이나 북한의 위협이 강조 될수록, 일본은 미국에 의존하지 않으면 안 되는 상황에 빠졌다. 이라크로의 자위대파견, 집단적자위권 행사의 용인 등, 종래의 헌법9조의 틀이 흔들리게 되었다.

네 번째로는, 동아시아 제국諸國 특히 중국의 대두이다. 2010년에 중국의 GDP는 일본을 넘어섰다. 그 후, 차이는 확대되어 갈 뿐이었다. 또한, 중국은 군비증강을 지속하여 센카쿠열도를 둘러싼 긴장도 높아졌다. 일본이 아시아 제1의 경제대국으로서 동아시아의 안정을 위해서 공헌한다는 역할 의식은 과거의 것이 되었다.

전후합의로부터 포스트 전후합의로

위와 같은 환경의 변화 속에, 2010년대 중반 이후, 전후체제의 정통성이 동요한 것과 병행하여, 아베정권은 '전후합의'를 대신할 새로운 합의를 구축하려 하고 있다. 이에 대해 국민 상당 수가 그것을 받아들이고 있는 듯이 보인다. 그 새로운 합의를 '포스트 전후합의'라 부른다면, 그것은, 이전에 설명한 '전후합의'와의 대비로써, 다음과 같이 특징을 짓는 것이 가능하다.

첫 번째로, 대미의존의 심각화이다. 2009년 정권교체가 이뤄진 때에, 민주당 정권은 동아시아 공동체, 후텐마 기지의 현외 이설 등을 목표로 걸고, 새로운 아시아의 질서를 스스로 구축하고 싶어하는 의욕을 보였다. 그러나, 높은 이상을 실현하기 위한 현실적인 정책에 대해서는, 전략을 지니지 않았다. 하토야마정권이 후텐마 기지의 현외 이설을 실현하지 못했기에 퇴진한 것은, 미국에 대해 자기주장을 해가며 국제질서를 구축하는 것에 대한 결정적인 무력감을 가져왔다.

미국에 추종해가며 외교를 운영하는 것에 관해서는, 자민당과 외무성 쪽이 훨씬 정교했다. 특히, 트럼프정권 성립 후에는, 아베 수상은 세계의 수뇌들 중에서 가장 트럼프와 친밀한 관계를 지니고 있는 것을 긍지로 삼고 있다. 그 실태는, 아메리카 퍼스트의 기치하에 반복되는 대일요구를 받아들이는 대신, 수뇌끼리의 표면적인 우호관계를 연출시키는 정도의 것에 지나지 않는다. 그러나, 이런 종류의 연출은 정권지지율을 높이는 효과를 발휘하고 있다.

전후합의의 시기에는 대미협조를 전제로 해가며, 때로는 헌법9조를 가져오며 일본의 이익을 확보하는 정치지도자의 주체성을 기대할 수 있었다. 이에 비해, 포스트 전후에서는 그런 종류의 긴장감 없이 대미추종만을 이어가는 변화가 보인다. 그뿐 아니라, 일본이 미국의 존재를 보다 강하게 필요로 하게 되었다. 역사수정주의나 내셔널리즘이 고양되면, 일본은 자력으로 동아시아에 있어서 북한과의 국교 정상화나 중국, 한국과의 관계개선을 시작으로 하는 질서를 구축할 수 없게 된다. 그렇기에 미국의 존재를 필요로 한다. 오키나와에 있어서의 후텐마 기지의 이설 문제에 있어서도, 일본정부가 오키나와의 반대를 무시하며 미국의 비위을 맞추려 하고 있다.

두 번째로, 동아시아 여러 국가에 대한 외벌적 태도가 퍼져가고 있다. 경제적 정체와 사회의 수축을 중심으로 하는 일본의 쇠퇴는, 국민의 국외에 대한 눈을 크게 바꾸었다. 90년대 중반의 역사에 대한 반성에 기초한 아시아와의 우호 노선은, 예를 들면 98년의 한일파트너십으로서 열매를 맺었다. 그러나, 그것은 아시아에 있어서의 특별한 경제대국이라는 입장이 가져온 여유 덕에 가능했었던 면도 있다. 그러나, GDP로 중국에 추월당하고 일인당 GDP로는 한국에 근접해져가는 상황 속에서, 여유를 잃어버린 일부의 일본인들에게 근린 여러 국가에 대한 혐오나 근거없는 우월감이 퍼져 갔다.

특히, 일본보다 국력이 작은 한국에 대해서 허세를 부리는 태도가, 외교에도 보이게 되었다. 위안부 문제나 과거 강제징용에 대한 배상문제가 원인이 된 한일관계의 혐악화에는 양쪽에 책임이 있다. 그러나, 아베정권이 과거 강제징용 문제에 대한 한국의 불만을 무역전쟁이라는 형태로 악화시킨 것은 국제적 룰에 맞는 행동이 아니다. 그럼에도 불구하고, 국내 여론은 대한對韓 강경책을 지지하고 있다. 이 문제로 한국을 비판하며, 한국인에 대한 혐오를 선동하는 듯한 티비의 와이드쇼가 높은 시청률을 올리며, 일부 잡지도 판매 부수를 위해서 혐한 발언을 반복하고 있다. 정체停滯현상에 대한 불만을 밖을 향한 공격으로 해소하는 태도가 국민에도 정부에도 퍼지고 있다.

외벌적 태도는, 같은 국민에게도 향해지고 있다. 전체적으로 사회, 경제가 쇠퇴하여 궁핍화하는 와중에, 아베정치는 내셔널리즘에 의해 국민을 통합하는 수법을 취하고 있다. 그러나, 여기에서 사람들이 붙들고 늘어지는 '국민'이란 어디까지나 환상이다. 그 허구를 엄히 지적하고, 허구에 동화하지 않는 사람들, 스스로의 권리와 존엄을 명확히 말하는 사람들에 대해서, 허구의 공동체를 믿는 사람들은 공격을 가한다. 빈곤 문제에 대해 자기책임이라는 공격, 오키나와나 후쿠시마 원자력 발전소 사고 피해자에 대한 냉담 내지 무관심도 그 예이다.

　세 번째로, 역사의 망각으로부터 오는 전후헌법체제 비판이다. 패전으로부터 70년 이상 지난 지금, 전쟁을 직접 경험한 사람은 점점 줄어들고 있다. 일본이 무모한 전쟁을 아시아와 미국에 대해서 일으켜, 많은 희생자를 낳은 사실이 공유되지 않게 된다면, 평화국가의 아이덴티티도 더는 자명하지 않게 된다. 또한, 국제사회에서 일본이 저자세를 지니는 것의 의미도, 이해할 수 없게 된다. 북한에 의한 납치사건이 명확하게 드러나고 중국이 군비확대를 진행하는 지금, 일본이 군사면에서 겸억적 자세를 지니는 것에 대해 불만을 지니는 사람도 늘고 있다. 이것이, 헌법문제의 쟁점화를 지지하는 요인이다. 일본의 경우, 전후헌법체제의 근거는 패전의 경험과 불가분하다. 전쟁의 기억의 풍화는, 헌법체제의 기반을 취약하게 하고 있다.

　네 번째로 주권자의 자리로부터의 도주라고도 불러야 할 사고 포기와 현상 긍정의 만연이다. 국민들에게서 주권자로서의 최저한의 행동력이나 비판성이 저하되어 있는 징후를 드러내는 현상이 보이고 있다. 2012년 12월의 중의원선거 이래, 아베정권하에서의 국정선거에서의 투표율이 50%대 전반에 머물러, 2019년의 참의원선거에서는 24년 만에 50%가 붕괴되었다. 기권은 그때의 다수파에 대한 백지위임이다. 기권의 증가는, 무관심과 현상 긍정의 반영이다.

투표율은, 2009년의 정권교체 선거 때에 69%에 달했다. 그 후의 민주당 정권의 혼미에 의해 많은 유권자가 환멸을 가지게 되어, 정치로부터 등을 돌리게 된 것은 명확하다. 정권교체로부터의 얄궂은 '학습효과'에 의해 정치에 의해 세상을 보다 좋게 만드는 데에 대한 단념이 국민에게 퍼졌다고 해도 좋을 것이다. 그리고, 아베정권은 그 단념을 최대한으로 이용하고 있다. 2017년에는, 헌법54조에 의거한 야당의 임시국회소집 청구를 2개월 이상 무시하고, 국회소집일 첫날에 해산을 단행했다. 2019년의 참의원선거 전에는, 예산의 성립 후 중참양원의 예산위원회를 전혀 열지 않았다. 어느 쪽도, 정부 대 야당의 논전을 회피하고, 선거전에 국민의 눈을 정치에 향하지 않게 하는 정략이었다. 그런 전략은 성공하여, 저투표율의 선거에서 여당은 승리했다. 사람들은 주권자의 자리로부터 도망쳤고, 정권은 그러한 사고思考 포기에 의해 지탱되고 있다.

여기에서 정리한 포스트 전후합의는, 아직 형성 도상으로, 정착한 것이라고는 할 수 없다. 다른 한편으로는, 아베정권이 끝난다 하더라도 아베시대에 형성된 합의가 사라지리라고 단정할 수 없다. 포스트 전후단계에 있어서의 민주주의의 융해融解, 부유浮遊가 어떻게 손 쓸 수도 없게 방치되려는가, 새로운 이념하에서 전후의 민주주의를 재활성화하려는가에 대해서는 마지막 장에서 논하고자 한다.

3. 3.11 이후의 근거 없는 낙관

현상 긍정의식의 만연

이전 절에서 설명한 포스트 전후합의는, 이 수년간의 일본 사회의 관찰로부터 도출한 것이다. 이 의논은, 내각부가 매년 실시해온 사회의식조사 데이터에 의해서도 지지된다고 생각된다. 여기에 의하면, 2010년대 초반부터 사람들이 사회나 정치에 대해 보는 시각은 크게 바뀌었다. 그리고, 아베정권은 그 변화 위에 올라타서, 정책적인 업적을 올리지 않더라도, 높은 지지율을 얻어왔다. 이하, 중요한 항목에 대해서 보고자 한다.

그림 6-1은, 국가를 사랑하는 마음이 '굉장히 강하다·어느 쪽이냐면 강하다'를 포함한 '강하다', '어느 쪽이라고도 할 수 없다', '굉장히 약하다·어느 쪽이냐면 약하다'를 포함한 '약하다'라는 크게 3분류로, '강하다'고 답한 사람이, 2000년대에 들

어와서 증가하기 시작하여, 2013년에는 58%까지 상승하여, 떨어지지 않고 있다.

그림 6-2는 사회 전체의 만족도에 관한 질문이다. 2012년을 경계로, '만족하고 있다'라는 사람의 비율이, 44~45%에서 65%까지 상승하고 있다. '만족하고 있지 않다'라고 한 사람은, 55% 정도에서 33% 정도로 감소하고 있다.

그림 6-3은 '일본의 긍지로 삼을 만한 것은 무엇입니까'라는 질문에 대한 회답이다. 2000년대 초반에는, 긍지로 삼을 만한 것에 대해 다수의 합의는 없었다. 2010년대에 어느 항목도 '긍지로 삼을 만하다'고 답한 비율이 점점 증가하고 있다. 좋은 치안, 아름다운 자연, 뛰어난 문화와 예술, 긴 역사와 전통의 네 항목에 대해서 '긍지로 삼을 만하다'라 답한 사람이 급증하여, 대체로 5할 6할에 이르고 있다.

그림 6-4는 역으로, '일본이 나쁜 방향으로 가고 있는 것은 어떤 것인가'하는 질문으로, 2010년 전후는, 재정적자, 경기 등의 문제로 '나쁜 방향으로 가고 있다'라 답한 사람이 상당히 다수였다. 그러나, 2012년~13년경으로부터 급속히, 나쁜 방향으로 향해 가고 있다고 답한 사람의 비율이 어느 분야도 줄어들고 있다.

그림 6-5의 민주정치에의 만족도에 관한 질문도 흥미롭다. 국가 정책으로의 민의의 반영에 대해서, '반영되어 있지 않다'라고 답한 사람이, 2010년 즈음까지는 8할 정도였으나, 2012년

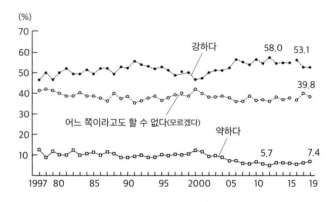

그림 6-1 나라를 사랑하는 마음의 정도(시계열)

(주) 2016년 조사까지는 20세 이상의 사람을 대상으로 하여 실시 17년 조사부터 18세 이상
의 사람을 대상으로 실시. 1999년, 2001년, 2003년은 실시하지 않았다.

(출처) 사회의식에 관한 여론조사(내각부 홈페이지)

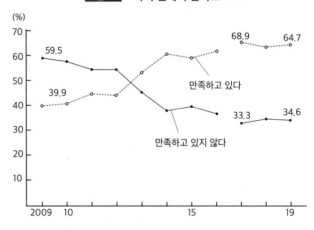

그림 6-2 사회 전체의 만족도(시계열)

(주) 조사 대상에 대해서는 그림 6-1과 동일.

(출처) 사회의식에 관한 여론조사(내각부 홈페이지)

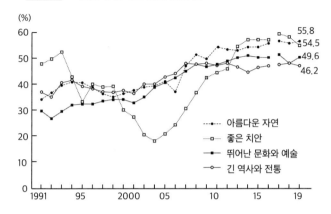

그림 6-3 일본의 긍지로 삼을 만한 것(상위 4항목, 시계열, 복수회답)

(%)

55.8
54.5
49.6
46.2

----●---- 아름다운 자연
········□········ 좋은 치안
——■—— 뛰어난 문화와 예술
——○—— 긴 역사와 전통

1991　　95　　2000　　05　　10　　15　　19

(주) 조사 대상에 대해서는 그림 6-1과 동일.

(출처) 사회의식에 관한 여론조사(내각부 홈페이지)

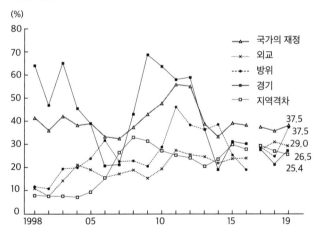

그림 6-4 나쁜 방향으로 향하고 있는 분야(상위 5항목, 시계열, 복수회답)

(%)

——△—— 국가의 재정
········×········ 외교
——●—— 방위
——■—— 경기
——□—— 지역격차

37.5
37.5
29.0
26.5
25.4

1998　　05　　10　　15　　19

(주) 조사 대상에 대해서는 그림 6-1과 동일.

(출처) 사회의식에 관한 여론조사(내각부 홈페이지)

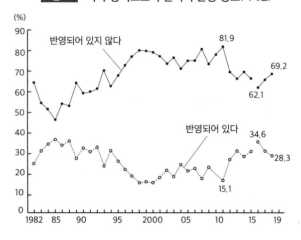

그림 6-5　국가 정책으로의 민의의 반영 정도(시계열)

(주) 조사 대상에 대해서는 그림 6-1과 동일.

(출처) 사회의식에 관한 여론조사(내각부 홈페이지)

~13년에서부터 급속히 줄어들어, 62%까지 20포인트 정도 줄어들었다. 역으로, '반영되어 있다'고 답한 사람이, 역시 2010년 전후에는 20%였으나, 35% 가까이 증가했다.

　여기에서 소개한 다방면에 있어서의 사회의식의 변화는, 어느 쪽도 2011년~12년 즈음부터 시작하고 있다. 제2차 아베 정권의 발족이 2012년 말이었던 것을 시야에 넣으면, 국민의 현상 긍정감이 높아지고 있었던 마침 그때에, 아베정치가 시작했다는 전후관계가 있다고 생각된다.

쇠퇴시대의 만족감

여기에서 큰 의문이 떠오른다. 2010년대 초반에는, 국민의 긍정감이나 만족감을 높이게 하는 현실에서 일어난 일이 극히 적었다. 2010년대 초두에 일어난 큰 사건이라 말하면, 동일본대지진과 후쿠시마 제1원자력발전소 사고가 있다. 경제의 세계에서는 일본의 GDP가 중국에 추월되어, 세계 제2위의 경제 대국의 지위를 잃었다. 더 나아가, 국세조사에서 보면 2010년을 마지막으로 인구감소가 일어났다. 말하자면, 일본의 쇠퇴가 결정적이 된 시기이다. 또한, 정치의 세계에서는, 민주당 정권이 국민의 큰 기대를 배신하고 통치능력을 결여를 보이며 붕괴했다. 그림 6-4에서는 재정적자에 대한 위기감은 저하되었으나, 현실에서는 정부채무 잔고가 계속하여 늘어난 끝에 1000조 엔을 훨씬 뛰어넘고 있다.

이러한 사상과 사회의식의 변화는 어떤 관계를 지니고 있는 것일까. 우선, 이미 말한 바와 같이, 일본의 국력의 쇠퇴는, 주관적으로 자기를 미화하고 싶다는 욕구를 강하게 만들었다. 객관적으로, 번영해가며 타국보다 우월한 상황이 아닌, 몰락하고 있는 것을 실감해가며, 그렇기에 자국의 특징을 긍지로 생각하는 것으로, 그 상실감을 메우려는 심리가 여기에서 보여진다.

대지진, 원자력발전소 사고라는 묵시록적 세계를 보게 된 것은, 자신의 생활수준에 대한 기대수준을 낮추는 효과를 지녔을 것이다. 지금 평온히 생활을 유지할 수 있는 것만으로 감사하다는, 지금 상황에 대한 만족을 촉진하는 요인이 되었다고 추측할 수 있다. 이러한 현상 긍정의 분위기는, 1980년대의 생활보수주의와는 크게 다른 것이다. 1980년대의 생활보수주의는 일본경제가 2차례의 석유위기를 뛰어넘어, 세계 최강의 경쟁력을 지니게 된 실태에 기초하고 있었다. 일본적인 장기안정고용이나 대기업으로부터 하청 중소기업에 이르는 계열 등의 일본적 경제관행이야말로, 일본경제의 강함이라 생각되어졌다. 실태로서 존재하는 풍요로운 생활을 지킨다는 것이 보수화의 내용물이었다. 이것에 비해, 2010년대의 보수의식은 사회경제적인 전제를 크게 다르게 하고 있다. 2010년대를 살아가는 일본인은, 인구감소와 초고령화에 의해 경제성장이나 사회보장제도의 지속이 곤란하게 된 것을 이해하고 있다. 특히, 30대 이하의 사람들은 발전 성장의 시대를 알지 못한다. 여기에서 무언가 변화가 일어난다고 한다면, 그것은 반드시 나쁜 방향으로의 변화일 거라고 많은 사람들은 믿고 있다. 다시 말해, 2000년대의 현상 긍정은, 쇠약을 조금이라도 늦추고 싶다는 염원의 발현이다.

2000년대에는 일본이 직면한 과제에 대해, 국민레벨의 위기감이 존재했다. 고이즈미정권 퇴진 후의 자민당의 혼란 중에, 그러한 문제의식이 2009년의 민주당 정권을 탄생시켰다고 할 수도 있다. 그러나, 민주당은 그 정치술의 미숙함으로 인해, 극단으로 높아진 기대수준을 그대로 방치하여, 큰 기대의 여론에 기대 정책전환을 꾀하였다. 그것이 실패하여, 정치 전체에 대한 기대수준의 폭락을 불러왔다. 정치의 힘을 이용하여 사회경제의 문제를 해결한다는 희망은 소멸하였다. 뒤에 이어진 아베정권은, 말하자면 바닥을 친 기대수준에 편승하여 상대적인 높은 평가를 얻게 된 이점을 지니게 되었다. 원자력발전소 사고에 대해서는, 제1차 아베정권도 사고를 미연에 막지 못했던 점에서 책임은 있다. 그러나, 원자력발전소 사고를 포함한 민주당 정권 시절의 문제는 전부 민주당의 탓이 되어, 아베는 전혀 무관한 듯한 얼굴로 정권을 쥐는 데에 성공했다.

2012년 말의 민주당으로부터 자민당으로의 정권교체는 국민적인 비탄이나 고통의 기억, 경험을 소거하여, 정치에 대한 관여법을 리셋하는 효과를 가져왔다고도 할 수 있다. 2019년의 헤이세이平成에서 레이와令和로의 연호 개원은, 실체적인 변화 없이 신시대의 도래라는 기분을 국민들에게 퍼지게 하였기에, 말하자면 리셋 효과를 갖고 있는 듯이 보인다. 그렇기에, 아베는 수상 취임 후 몇 년이 경과한 뒤로도, '민주당 정권의 악몽'이라는 신조를 지속하여 꺼내며, 스스로의 지위를 정당화할 수 있었다.

위와 같은 관찰은, 각종 여론조사에서의 아베정권 지지의 이유와 부합한다. 여론조사에서 내각지지율은 얼추 40~50%대를 지키고 있을 수 있었으나 지지의 이유로서는, '다른 것보다 좋아 보인다'는 이유가 가장 많다. 또한, 경제정책의 은혜나 소비세율 인상의 시비, 원전 재가동의 시비, 헌법개정으로의 찬반 등 구체적인 쟁점에 관한 조사에서는, 아베정권의 노선에 반대하는 비율이 항상 상회하고 있다. 아베정권을 지탱하는 것은 업적평가가 아니라, 여기에서 논했던 자기긍정 욕구와 현상유지 지향이다.

19년 참의원 선거와 현상유지

2019년 7월의 참의원선거에서도, 국민의 현상유지지향은 발휘되었다. 이 선거의 최대 특징은, 투표율이 24년 만에 50%가 붕괴되어, 48.8%에 머물렀던 점이었다. 1995년의 참의원선거에서는 국정선거 사상 처음으로 투표율이 50%를 하회하자 각 당은 큰 충격을 받아, 투표시간의 연장, 기일 전 투표의 간이화 등의 대책을 세웠다. 24년을 거쳐, 투표율은 다시금 5할을 밑돌았다. 기권은 그 선거에 있어서 다수파에 대한 위임을 표명하는 것인 데에서, 반수 이상의 유권자는 우세를 예상하는 자민당, 공명당에 위임한 것이다. 그리고, 여당은 과반수를 유지하여, 기성야당은 다시금 고심했다. 정치의 변화를 바라는 자는 레이와 신선조나 NHK에서 국민을 지키는 당에 투표했다.

2019년 5월 3일의 아사히신문에 게재되었던 여론조사는, 선거 전부터의 사람들의 투표성향을 보여주고 있다. 아베 수상의 금후에 대해서, '크게, 어느 정도'를 포함한 '기대한다'가 41%, '전혀, 그다지'를 포함한 '기대하지 않는다'가 57%, 아베 수상의 말을 '크게, 어느 정도'를 포함하여 '신뢰할 수 있다'가 38%, '전혀, 그다지'를 포함하여 '신뢰할 수 없다'가 60%로, 다시 말해서, 아베 수상의 정치가로서의 성실함도 정책도 부정적으로 보는 사람이 과반수였다. 그러나, 금후의 일본정치에 있어서 바람직한 것은 '안정'이 60%, '변화'가 34%, 정권교체에 대해서, '반복되는 편이 낫다'가 40%, '그렇게는 생각하지 않는다'가 53%로, 정치의 변화를 기대하지 않는 사람이 다수였다. 예상대로 아베 수상은 선거의 쟁점을 '정치의 안정인가, 혼란인가'라고 주장하여, 다수의 유권자는 안정을 선택했다.

이 선거에서 최대의 과제는, 일본의 유권자가 정치적 시니시즘이나 포기로부터 탈각할 수 있을지 여부에 있다고 나는 생각했다. 2019년 10월에 예정된 소비세율 인상, 95살까지 사는 사람은 공적연금 외에 2,000만 엔의 자산이 필요하다는 금융심의회의 보고 등, 선거에서 말해야 할 커다란 정치과제는 존재했다. 아베정권은 선거에 이기기 위해 쟁점을 숨기고, 논쟁을 회피했다. 2019년은 5년에 한 번씩 발표되는 연금재정

검증이 발표되는 해로, 통상적으로 6월까지는 발표되어 왔었다. 그러나, 정부는 그 발표를 선거 후로 미루었다. 물론, 많은 사람들은 현재의 생활에서 여유를 느끼지 못하며 노후의 불안을 느끼고 있다. 그러나, 그 포기가 정부 여당에 의한 쟁점의 은폐를 허락하게 되었다. 그러한 사안을 정치의 세계에서 해결하는 것에 대해서는, 결정적인 포기가 이어지고 있다고밖에 할 수 없다.

아베 수상은 높은 지지율을 구가하고 있으나, 많은 조사에 있어서 그 이유는 다른 적당한 지도자가 없다는 것이 가장 큰 이유였다. 아베정치는, 다른 선택지는 없다는 국민의 포기에 지지되어, 참의원선거에서도 그 지지는 갱신되었다.

현상 긍정의 위험함

심리학 용어에, 정상성 바이어스라는 개념이 있다. 이것은, 동일본대지진이 일어났을 때에도 주목되었다. 자신의 생명, 안전을 위협하는 위험한 사건, 재해가 임박해도 사람은 그 위기를 과소평가하여, 위기에 대한 긴급적인 대응을 취하려 하지 않는 경향이 있다. 위험한 현상을 통상적인 세계의 범위 내라고 간주하여, 아직 괜찮다는 반응을 취하려 하는 것에서, 이 경향을 정상성 바이어스라 부른다. 쓰나미나 화산분화 시에, 아직 괜찮다고 낙관한 결과, 늦게 도망쳐 희생자가 된 케이스 등이 바로 정상성 바이어스에 의한 것이다.

'사회의식조사'는, 일본사회 전체의 문제나 경향에 대한 정상성 바이어스의 표명이라 해석하는 것이 가능하다. 현 실태로서는, 아베정권하에서도 재정적자는 증가하기만 할 뿐이며, 빈부의 격차는 크며, 지역 간 격차도 축소되어 있지 않다. 현상을 '나쁜 방향으로 향하고 있지 않다'고 생각하는 사람들은 어디를 보고 있는지, 소박한 의문이 들어온다. 사람들이 객관적으로 현상을 이해하고, 평가를 하고 있는 것은 아닌 것이 명확하다. 주가 상승, 대기업의 고수익 등의 아베노믹스의 표면적인 성공이 선전되고 있는 중에, 인구감소도 재정적자도 지방의 쇠퇴도 정상성의 범위 내라는 생각에 빠져 있는 사람들이 일본사회의 다수파이다.

사회 전체 레벨에 있어서의 정상성 바이어스는 죽음에 이르는 병인 것을 강조하지 않으면 안 된다. 먼저, 정상성 바이어스를 벗어나지 않으면 안 되는 것은, 정책을 만드는 정치가와 관료이다. 금후의 야당 재편에 있어서, 적확한 위기감에 기초한 정책과제의 공유라는 작업이 초미의 시급한 과제이다.

종장

민주주의를 끝내지 않기 위해서
- 다섯 가지의 제언

본서의 마지막에서, 지금까지 각 장에서 언급해 왔던 자유와 민주주의의 위기에 대해, 이러한 위기를 타파하고, 21세기에 지속되는 민주주의를 다시 세우기 위해서 어떻게 해야 할지 고찰하고자 한다.

지금까지 논해 왔던 정치의 위기는, 전쟁이나 군사쿠데타 등 외부로부터의 힘으로 일어났던 것이 아니다. 오히려, 종래의 민주주의의 제도를 통해서, 내부에서부터 생겨나고 있다. 그리고 일부 사악한 권력자의 음모로 민주주의가 위기에 처해있는 것도 아니다. 강권정치를 적극적으로 지지한다고까진 이야기하지 않더라도, 강권정치를 묵인하는 국민의 의사에 의해 정치의 위기가 초래된 것이다. 그렇다면, 내부로부터 다시 세우는 것이 가능할 것이다. 그러한 과제를 해결하기 위해서 무엇을 해야 할지 생각해보고자 한다.

다시금 정치란 무엇인가

　1990년대부터 2000년대에 걸쳐, 많은 국가에서, 민주주의
는 큰 고양과 전락을 경험해 왔다. 1990년대에는 동구에서는
1당 독재의 타파와 민주화, 서구에서는 중도좌파정권의 확산
을 경험했다. 동구에서는 근대적인 기본적 인권이나 대표민
주제가 확립될 것이라는 기대가 높아졌다. 또한, 서구의 중도
좌파는 경제 글로벌화를 전제로 해가면서도, 사람에 대한 투
자로 글로벌 자본주의 속에서 살아갈 수 있는 인간을 만들어
내는 것으로 사회민주주의의 활로를 찾으려 하였다.

　그러나, 폴란드, 헝가리에서는 선거에서 승리한 권력자가
독재화의 경향을 강하게 해, 표현의 자유나 보도의 자유에 대
한 억압이 강해지고 있다. 또한, 서구의 중도좌파정권은 교육
이나 공공서비스의 재건에 어느 정도의 성과를 올렸으나, 리
먼쇼크 이후의 경제의 혼란에 대한 유효한 정책을 세우지 못
하고, 세수의 감소에 대한 대응으로서 긴축재정에 길을 양보
했다.

　2008년에는 미국에서 처음 아프리카계 대통령이 되는 버
락 오바마가 당선되었고, 2009년에는 일본에서도 민의에 의
한 첫 정권교체가 이뤄졌다. 그러나, 오바마 정권은 국민건강
보험 등 내정 상의 중요과제에 대해서 충분한 성과를 내지 못
했고, 2016년에 도널드 트럼프가 대통령에 당선되었다. 또한,

일본에서는 2011년의 동일본대지진의 충격도 있어 민주당 정권은 3년으로 붕괴하고, 내셔널리즘 노선을 건 아베정권에 권좌를 양보하게 되었다. 어느 쪽이든, 변화를 향한 기대와 이상주의의 고양은 급속히 환멸로 바뀌어, 이상을 부정하는 어느 의미에서 보수정치가 재현되었다.

이상을 걸고, 소수파를 포함한 모든 인간의 권리를 존중하여 숙의에 의해 매사를 결정한다는 아름다운 이상론의 정치가 실패한 이후로는, 민주주의나 자유주의의 건전을 다소 무시하여도, 강력히 매사를 추진하는 리더 쪽이 바람직하다는 감각이 많은 국가에 만연하고 있다. 내지는, 귀찮은 의논으로 시간을 낭비하는 것보다도, 다수결로 빨리 매사를 결정짓고, 결과를 내는 정치수법이 바람직하다는 분위기가 확산되고 있다.

그러나, 세상은 단순하지 않다. 강력한 리더가 출현하여, 그것만 있다면 모든 것은 제대로 돌아갈 것이라는 만병통치약이 실제 효과를 지니지는 않는다. 영국의 EU 탈퇴가 그 전형적인 예이다. 이민의 증가를 혐오하는 일부 국민의 감정에 호소하여, 데마고그는 EU 탈퇴가 영국인 고용을 회복시키고, EU에 대한 분담금을 그만 낸 분만큼 국내의 사회보장정책에 돌릴 수 있다고 선전했다. 그것을 진심으로 받아들인 사람들이, 국민투표에서 EU 탈퇴를 결정했음에도, 탈퇴 실시의 구체적 형태를 둘러싼 의논은 혼미를 이어가고, 영국정부는 통치불능의 모습을 보이고 있다.

의논에 시간을 소비하는 것은 비생산적으로 보이나, 그렇다 하여 돌팔이의사가 선불리 낸 처방전을 선택하는 것은, 보다 큰 혼란이나 파탄을 가져온다. 처방전이 가짜인지 진짜인지를 판단하기 위해서는 역시 의논이 필요하다. 그러기 위한 의논의 장이 의회이다. 의회에 있어서는 권력자가 제안하는 정책을 비판하고, 음미하는 야당이 필요하다. 또한, 시민도 그럴듯한 만병통치약 선전의 태반은 먼저 의심해보는 냉정함을 지닐 필요가 있다.

정치라는 활동은, 인간의 다양성을 전제로 하여, 인간의 자유를 최대한 존중해 가며, 공존하기 위한 룰이나 약속사항을 결정하는 작업이다. 정치사회는 상의하달의 피라미드조직이 아니며, 매사가 간단히는 결정되지 않는다. 또한, 다른 의견이나 이해를 지닌 사람들이 의논한다면, 결론은 아무래도 타협적인 것이 되게 된다. 그것이 정치의 숙명이다. 그러한 숙명을 이해한 뒤에, 조금씩 문제해결로의 노력을 쌓아가는 것이 정치의 왕도이다.

최근의 민주주의의 혼미상황 속에서, 주의해야 할 징후는, 정치의 전제를 부정하는 논자가 정치의 세계에 혼입되어 있는 것이다. 인간의 다양성을 부정하고, 특정한 인생관이나 사고관을 강요하는 의논, 특정한 속성을 지닌 사람들이나 집단에 있어 인간의 존엄을 부정하는 생각을 확산시키는 의논, 더 나아가서는, 특정 종교의 신자나 장애를 안고 있는 사람에 대한 폭력이 소위 선진국들에서도 확산되고 있다. 자원배분을 둘러싼 의논에 대해서는 다양한 주장이 있는 것은 당연하다. 그러나, 서로 다른 사람들끼리 공존하는 정치의 전제조건을 부정하는 자의 주장까지 '언론의 자유'라는 이념으로 허용한다면, 자유 그 자체가 위협받게 된다.

미국에서는 트럼프 대통령의 탄생을 계기로, 백인지상주의를 주창하는 단체의 활동이 활발화되었다. 차별에 대항하는 운동가와 백인지상주의자가 충돌한 때에, 트럼프 대통령은 둘 다 나쁘다는 취지의 발언을 했다. 이것은, 정치의 전제를 부정하는 것이다.

일본에서도, 재일코리안의 존엄을 부정하는 헤이트스피치가 퍼지고 있다. 또한, 2016년 7월에는 사가미하라시의 장애인시설에서, 같은 시설의 전직 직원에 의한 대량살인사건이 일어났다. 물론, 아베정치의 탓으로 이러한 사건이 일어나고 있는 것은 아니다. 그러나, 시민 일반으로부터, 정치지도자에는 이런 종류의 사건의 책임자를 비난하고, 인간의 존엄이나 생명을 무조건으로 존중하는 강한 결의를 사건이 있을 때마다 명확히 표명하는 것이 요청된다. 아베 수상은, 2019년 3월 15일에 뉴질랜드에서 일어난 이슬람교 모스크에서의 대량학살사건에 대해서, 뉴질랜드 수상에 "일본은 이러한 잔학한 살인을 단호히 비난한다(firmly condemn)"라는 메시지를 보내었다. 그러나, 일본 국내의 민족을 이유로 한 헤이트스피치나 장애인 살인사건, 더 나아가 표현의 자유를 향한 공격에 대해서, '단호'한 비난의 성명을 낸 일은 없다. 그뿐 아니라, 아베정권에서 요직을 차지한 정치가는, 헤이트스피치를 업으로 하는 우익단체의 멤버와 친밀한 관계에 있는 것도 명확해져가고 있다.

정치의 질을 유지하기 위해서는, '이것도 있고, 저것도 있다'는 상대주의를 적용시킬 테마와, '이것은 절대로 안 된다'는 절대주의를 적용시켜야 할 테마를 식별하는 것이 필요하다. 차별의 주장이나 폭력의 행사는 절대로 허락하지 않는다는 신념을 정치사회의 멤버가 공유할 것이 요청되고 있다.

정치가 해결해야 하는 과제

아베정권 발족 이래, 아베노믹스가 성과를 내고 있는지 어떤지에 대해서, 국회에서 논의가 반복되어 왔다. 사람들의 생활실감에 있어서는, 경기회복은 느껴지지 않는다. 또한, 경제통계에 관한 정부의 부정확한 조사, 사선私選한 데이터의 제시가 명확히 드러나, 실질임금은 아베정권 시기 동안 저하 추세에 있다. 그러나, 국회논쟁에서는 그 종류의 의논은 결말이 나지 않는 논의이다. 지금 필요한 것은, 아베정권이 방치하고 있는 장기적, 구조적인 문제에 대해 제대로 고찰하는 것이다.

인구감소가 진행되고 있는 것은 멈출 수 없는 현실이다. 그 원인의 하나는, 1970년대 중에 태어난 단카이세대 주니어가 제3차 베이비붐을 일으키지 않았던 것에 있다. 어째서 이 세대가 그전과 같이 아이를 만들지 않았는지에 대해 말하자면, 주된 요인은, 그들이 대학을 나올 때가 금융위기나 비정규고용 급증의 시기와 겹쳐, 저임금으로 일하는 비정규직 노동자가 늘었던 데에 있다. 결혼, 출산, 육아를 위한 경제적 전제가 이 시대에는 붕괴했다. 또한, 이 세대에는 히키코모리가 된 사람도 많다. 인구감소가 가속된 것은 인재이다. 그리고, 고용하는 측의 이익을 우선하는 고용의 규제완화나 법인세 감세는, 400조 엔을 넘는 기업의 내부유보라는 결과를 가져오고 있다. 이 대조에야말로 시선을 가져가지 않으면 안 된다.

그 단카이 주니어세대도 지금은 40대이다. 20년 후 이 세대가 퇴직하는 연령을 맞이할 때, 충분한 연금을 수급하지 못하고, 생활보호에 의지하는 사람의 수가 늘어날 것이 예상되고 있다. 사회보장 재정의 파탄을 막기 위해서, 이 세대를 사회에 포섭하여, 벌이를 하여 납세할 수 있도록 하는 것은 시간과의 싸움이다. 아베정권도 문제를 인식하여, 이 세대를 '인생 재설계 제1세대'라 이름을 붙여 재도전을 지원하는 구조를 만들고 있다. 이 시도를 첫머리부터 부정해야 할 것은 아니라 하더라도, 이 세대가 얻어야 했어야 할 부를 기업부문으로부터 되찾아 와야 한다는 문제의식 없이는 성과는 오르지 않을 것이다.

재정의 지속가능성에 대해서, 일본이 언제까지고 거액의 국채 발행을 이어갈 수 있을지에 대해 논쟁이 있다. 경제학의 상식에 비추어 보면, 국제수지의 흑자가 계속되는 동안에는 문제가 없다. 그러나, 무역수지는 2018년 후반부터 적자기조로, 2019년 1월 만으로도 1조 4,000억 엔의 적자였다. 투자수익이 있으니 무역적자는 커버할 수 있다는 의논도 있을 수 있으나, 미국에서 버블이 붕괴되면 그것도 끝이다.

경제동우회 대표간사인 고바야시 요시미쓰小林喜光는, 2019년 1월 30일의 아사히신문 인터뷰에서, 아베노믹스에 대해서 "이 6년간 시간을 벌며 무언가 독창적인 기술이나 산업을 낳는 것이 목적이었으나, 현저한 결과는 나오지 않았다. 여기에 본질적인 문제가 있다."고 지적하고 있다.

참으로 정문일침이다. 지금, 일본의 무역흑자는 자동차가 벌어들이고 있으나. 이제부터 전기자동차나 자동운전의 개발을 둘러싼 큰 경쟁에 뒤쳐진다면, 벌어들이고 있는 산업도 사라질 것이다. 그렇게 되면 일본은 국채 소화를 외화에 의지하는 개발도상국 형의 재정으로 전락하게 된다.

아베정권의 원전추진정책도, 장기적인 사려가 결여되어 있다. 전력회사의 당면한 위기만을 넘기게 해 줄 뿐인 것이다. 후쿠시마 제1원전 사고의 처리비용에 대해서, 정부는 22조 엔이라 견적을 내었으나, 민간싱크탱크는 최대 81조 엔이라는 시산試算을 발표했다. 피해자의 구제나 방사능 오염의 제거에 제대로 뛰어든다면, 1년분의 국가예산에 필적하는 비용이 들 것이 명확하다. 또한, 세계적으로 석화연료와 원전이라는 20세기 모델로부터 재생가능한 에너지를 향한 거대 혁명이 일어나고 있다. 아베정권의 발상은, 1960년대에 국내 탄광을 지키라고 주장하며 승리할 가능성이 없는 싸움에 도전한 미쓰이 미이케 탄광노조와 같은 것이다.

이러한 과제에 관한 구체적인 정책은, 경제학 등 각각의 전문분야에서 의논되어야 할 것이다. 정치의 과제는, 숙의에 의해서 결착을 맺어, 실행하는 것이다. 우리들에게 남은 시간은 많지 않다.

동일본대지진은 막을 수 없는 천재天災였다. 그러나 비상용전원의 정지를 회피하는 것은 할 수 있던 일이었다는 점에서, 원전사고는 인재이다. 인구의 급속한 감소는, 1990년대 후반부터 2000년대 전반에 결혼적령기를 맞았던 사람들의 개인적 선택이 겹쳐 쌓인 결과이다. 그러나, 그 세대의 사람들이 결혼하지 않거나 아이들을 만들지 않는 선택지를 선택하지 않으면 안 되었던 사회·경제적 환경을 밀어붙인 것은, 인위적인 정책의 귀결이다. 아베노믹스의 기둥인 이차원異次元 금융완화 중에서의 제로금리 정책이 이어지고, 지방의 금융기관이 경영위기에 빠질 상황인 것도 참으로 인재라 하겠다.

인간의 작위가 만들어 낸 문제를 해결할 때의 최초의 작업은, 인과관계를 명확히 하여, 문제를 만들어 낸 사람의 책임을 명확히 하는 것이다. 이 경우의 책임이란, 법률상의 민사 형사 책임과는 다르다. 제도적인 법률상의 책임을 입증하는 것이 곤란한 사례도 많다. 여기에서 필요한 것이, 문제를 꺼낸 당사자가 누구든, 그 종류의 문제를 만들어 냄으로써 이익을 얻었던 것은 누구였는가를 명확히 하는 작업이다. 그것이야말로 정치의 일이다. 법률상의 처벌이나 배상을 청구하는 것은 불가능하더라도, 국토나 국민을 희생으로 하여 이익을 얻고 있던 사람들·기업·단체로부터 정책을 통해서 문제해결의 비용을 부담시키는 것이야말로, 정치적인 의미에서의 책임추구의 핵심이다.

　이와 같은 문제의 구도를 명확히 할 수 있다면, 자신의 책임이 미치지 않는 이유에 의해 고통받게 된 사람들과, 그와 같은 불합리한 고통을 타자에 전가한 것에 의해 이익을 얻고 있는 사람들의 존재가 명확해지게 된다. 여기에서 희생과 수익의 현저한 불균형을 시정하기 위한 정책에 관한 합의를 만들어 내는 것이야말로, 정치의 과제이다. 이하에서, 그와 같은 과제를 해결하기 위해서도, 어떻게 하여 민주주의를 다시 세워야 할지 생각해보고자 한다.

|제언1| 야당의 재건

　민주주의의 재건을 위해서는, 권력을 억제할 수 있는 크기와, 명확한 정책적 방향성을 겸비한 야당을 재구축하는 것이 불가결하다. 현재의 야당의 분립은, 과도기적인 현상이다. 입헌민주당은 지방조직의 정비도 충분하지 않고, 정권을 짊어지는 정치가의 질과 양이 압도적으로 부족하다. 국민민주당은, 과거 민진당시대의 정당교부금의 저금이 있어 조직을 유지하고 있으나, 낮은 지지율로, 선거의 결과에 따라서는 내분·분열의 가능성도 있다. 야당을 어떻게 통합할지에 대한 물음에 직접 답하는 것은 어려운 일이다. 지금까지의 야당 재편의 실패에 입각하여, 금후의 과제를 눈여겨보는 것이 중요하다.

　첫 번째는, 정책의 심화이다. 입헌민주당은 탈원전을 주요 공약으로 하고 있다. 그러나 슬로건만이 아니라 기존의 원전을 어떻게 정리할지, 폐로의 진행방법, 재생가능 에너지의 확대 방법에 대해서 구체적인 계획을 보일 필요가 있다. 에너지 전환의 구상을 보이고, 연합(일본노동조합총연합회)이나, 국민민주당을 둘러싼 큰 합의를 행하는 것이 탈원전을 실현하기 위해서는 불가결하다. 원전뿐만이 아니라, 앞에 보이는 장기적, 구조적 정책과제에 대해서, 기존의 이익단체나 관료조직의 이해를 뛰어넘은 방향성을 내보이는 것이, 야당 정책에 대한 기대를 높이기 위해서 필요하다.

여기에서 중요한 것은, 정책의 궁극적인 목표의 설정에 관한 차이를 인정해가며, 정책을 전환, 공유할 때의 방향성을 공유한다는 감각이다. 정당이 다르다면, 세제, 안전보장, 탈원전 등 정책의 최종 목표가 다른 것은 당연하다. 그러나, 일치할 수 있는 중간지점까지 협력하는 형태의 연립정권을 수립하는 것은 가능하다.

예를 들면, 원전제로를 목적으로 할 때에 즉시 폐지라는 슬로건을 성급히 주장하는 것이 아니라, 당면한 상황에서 이 이상의 재가동을 인정하지 않는 점에서는 일치할 것이다. 그를 위해서 후쿠시마 제1원전의 원인규명, 현실적인 안전정책 등의 조건을 채우지 않으면 재가동을 인정하지 않는 정책을 실현하는 것으로 현실적인 효과를 올리는 것이 가능하다. 소비세에 대해서는, 0%를 목표로 하는 정당도 있다. 그러나, 10%로 오른 것을 중간치인 5% 내지 8%로 내리고, 누진소득세, 법인과세, 자산과세의 강화에 의해 부유층에 부담을 요구한다는 점에서 큰 일치를 보는 것은 가능할 것이다. 아베 안보법제 반대 운동 시에는, 자위대를 위헌이라 생각하는 사람도, 합헌이라 생각하는 사람도, 아무튼 집단적자위권의 행사에는 반대하여, 전수방위의 자위대로 돌린다는 점에서 야당이 협력가능했다. 이러한 태도가 방향성의 공유이다.

정권교체의 가능성을 추구할 때, 공산당의 전략도 큰 영향을 지닌다. 세간에서는 공산당에 당명이나 기본정책의 전환을 요구하는 목소리도 있다. 야당협력의 선거에 있어서 공산당의 정치가나 지지자와 접하며 그 성실함에 정치의 세계에서 귀중함을 느꼈다. 공산당의 당명을 바꾼다면 지지자 에너지는 운산무소雲散霧消되어, 조직력도 한번에 저하되는 것이 아닐까 하는 것이 나의 예상이다. 단지, 1993년의 호소카와정권에 사회당이 참가한 때와 같은 유연한 정책전환을 공산당이 내세우는 것이 가능하다면, 연립정권의 가능성은 높아질 것이라고 생각된다. 여기에서 말한 유연한 전환이란, 당으로서의 본래의 정책은 다르나 당면한, 당의 이념과 고쳐야 할 현실과의 괴리·모순을 조금씩 줄이는 것을 우선으로 하고, 지금 있는 자위대나 안보체제를 승인하고, 헌법의 이념에 가깝게 하기 위해서 개혁을 행한다는 자세이다. 사회당이 자위대를 용인한 것이 동당의 해체를 가져왔다는 비판이 있다. 공산당이 어떤 형태로 정권에 협력한다면, 사회당의 전철을 밟을 것이라는 의논도 있을 것이다. 이 점에 대해서는, 궁극의 이상과 당면한 정책을 구별하는 정치적 성숙을 공산당의 정치가나 지지자에게 기대하고 싶다.

두 번째로, 새로운 정당조직의 개발이다. 입헌민주당이 빈 공터에 건물을 만드는 것과 같은 형태로 정당조직을 만드는 것은, 새로운 모델을 구축할 찬스라고도 볼 수 있다. 민진당의 분열 시에, 정치를 걱정하는 시민은 헌법옹호의 정당의 불씨를 남기고 싶다는 위기감에 쫓기어, 입헌민주당을 응원했다. 시민과 정당의 거리가 가까워진 것은, 분열극의 부산물이었다. 인재부족의 입헌민주당이 국정 및 지방 선거에서 활동적인 시민을 리크루트할 수 있을지 어떨지는 이 당의 장래에 있어 중요한 과제이다.

때마침, 2018년 11월의 미국의 중간선거에서는, 민주당으로부터 다수의 여성, 마이너리티 출신의 후보가 당선되어, 미국정치의 분위기를 바꾸었다. 트럼프정치에 대한 반발로부터, 시민의 정치참가가 퍼져 갔다. 비슷한 구조에서, 입헌민주당이나 공산당이 정치가의 질을 바꿔가는 것이 가능하다면, 야당으로의 기대가 높아질 것이다. 일본에서는, 2018년에 정치분야에 있어서 남녀공동참획의 추진에 관한 법률(parité 法)이 제정되었다. 이것은, 정당에 의회의원에 대해서 남녀 동수를 목표로 하는 노력을 요청하는 내용이다. 이것을 기회로, 국정 및 지방 의회에 여성을 늘리는 것에 대해서 자민당보다 적극적으로 나서는 것으로 정당의 존재의의를 발휘하는 것도 가능하다.

2019년의 참의원선거 때에 등장한 레이와 신선조는 발족 얼마 안 되어 클라우드 펀딩에서 4억 엔의 자금을 모았다. 그것은, 보통시민의 수천 엔, 수만 엔의 기부가 쌓인 것이다. 즉, 정치를 방관하는 것이 아니라, 자신들의 생각을 맡길 수 있다고 느껴지는 정당, 정치가가 출현한다면, 제 돈을 들이는 시민이 지금의 일본에도 출현하고 있는 것이다. 시민의 에너지와 이어진 정당의 운영은 가능하다.

2019년의 참의원선거 후, 입헌민주당의 에다노 대표가 다른 야당에 통일회파의 결성을 주창하여, 야당의 재결집의 모색이 시작되고 있다. 야당이 흩어진 상태라면, 미디어는 큰 그릇이 필요하다고 비판하고, 대동결집을 요청하면 과거의 민주당의 재현이라고 비판하고, 야당은 어느 길을 가더라도 비판을 받게 된다. 문제는, 야당의 정치가 자신에 있어야 할 야당상에 대해서 확신이 있는가 어떤가이다. 일본의 야당에 있어서 질과 양의 딜레마는 항상 붙어다닌다. 정책면에서의 순화를 구하는 것이 아니라, 방향성의 공유를 확인한 뒤에, 양적확대를 지향하는 노선을 취해야 할 것이다. 내부모순을 끌어안고 있다는 비판에 대해서는, 목표의 먼 거리와 발걸음의 속도는 다른 자가 모였으나, 아무튼 같은 방향으로 향하고 일정 거리를 함께한다고 반론하면 그만이다.

|제언2| 국회의 재건

다음으로, 의회정치의 재건에 대해서 생각해보고 싶다.

아베 수상이 가져왔던 의회정치의 붕괴현상은 다양하게 보이고 있으나, 국회 논전에 있어서 언어를 파괴하고, 무의미하게 만든 것은 가장 큰 죄 중에 하나이다. 질문받은 것에 답하지 않고, 언어의 의미를 마음대로 왜곡하는 등, 수상이나 각료 탓에 일본어가 통하지 않는 국회가 당연시 되었다.

정치에 있어서의 언어를 되찾는 것이 민주주의 재건의 첫걸음이다. 먼저, 국민이 국회 심의의 실태를 알 수 있도록, 정보제공의 틀을 정비할 필요가 있다. 국회의 예산위원회에서의 야당과 아베 수상의 질의를 쭉 보자면, 누구든, 아베 수상의 무책임함, 거만함, 지성의 결여에 놀랄 것이다. 실제로, 호세이대학의 우에니시 미쓰코上西充子 등이 중심이 되어, 국회 퍼블릭뷰잉이라는 이름의 운동이 펼쳐지고 있다. 이것은, 국회가 제공하고 있는 인터넷중계의 화상을 가두의 스크린에 비추어, 보통시민들에게 국회논의의 실태를 알게 하는 운동이다. 이것을 한층 진행시켜, 국회 심의를 인터넷으로 상시 방영되는 채널을 만들 필요가 있다. 미국의 C-SPAN(미국의 정부 활동과 공공 이슈를 전문적으로 다루는 케이블 티비)의 일본판을 만드는 이미지로 말이다.

또한, 국회의 질문시간의 배분과 계산의 방법에 대해서도, 현재의 모습을 재검토할 필요가 있다. 국회에 있어서의 여당의 질문은, 자당의 지도자에 대한 평의원의 겉치레 인사, 추종류가 거의 대부분으로, 무의미하다. 질문시간의 태반은 야당에 부여해야 할 것이다. 또한, 중의원에서는 질문자가 지닌 시간 중에 정부 측의 답변이 행해지는 구조로 되어 있다. 아베정권은 이것을 악용하여, 질문과는 무관계한 이야기를 하여 시간을 벌고, 야당의 질문을 막는 반칙이 횡행하고 있다. 국회의 관습에는 긴 역사가 있어 변경하는 것은 어려우나, 정부 측이 성실한 답변을 하지 않는다면, 중의원에서도 참의원과 같이 정부답변의 시간을 의원의 질문시간에 넣지 않는 룰을 확립할 필요가 있다.

국정조사권의 발동에 관한 룰도, 재검토할 필요가 있다. 이 점은, 제2장에서 말한 대로다. 참의원에서 야당이 다수파가 되면, 국회가 본래의 조사권을 행사하여, 증인소환 등을 통해서 의혹을 규명하여, 관계자의 책임을 추궁하는 것이 가능하다. 권력분립, 억제균형을 실현하기 위해서는, 여야당역전, 소위 말하는 네지레국회(중의원과 참의원의 과반수를 차지하는 정당이 다른 뒤틀린 국회 상태. 옮긴이)상태야말로 바람직하다고 할 수 있다. 그러나, 네지레국회는 간단히는 실현되지는 않는다. 국회의 항구적인 기능으로써 국정조사권을 강화하기 위해서 제도개혁을 별도로 구상할 필요가 있다.

국민 자신이 정책논쟁에 참가하는 틀을 생각하는 것이 필요하다. 헤노코 신기지 건설에 반대하는 운동 중에, 미국의 백악관 웹사이트에 일정 수 이상의 서명을 모으면, 정책에 관한 의견이 게시되며, 더 나아가 대통령으로부터의 코멘트를 요구할 수 있는 제도가 활용되었다. 일본에서도, 국회의 웹사이트에 일정 수 이상의 서명을 모으면, 중요한 정책안건에 대해서 정부로부터 정중한 설명, 관련자료의 게시를 요구 가능한 제도를 만들면, 국민의 정치에 대한 관심은 높아지고, 발언의욕도 자극될 것이다.

더 나아가, 중기적인 과제로서, 이원제, 선거제도의 재검토에 대해서도 의논을 이어가야 할 것이다.

현재 중의원과 참의원의 선거제도는, 정원 1의 소선거구제와 비례대표제가 병립되어 있는 점에서, 큰 차이는 없다. 참의원에서는, 인구가 많은 대도시권의 선거구에서 정수가 2 내지 6의 중선거구의 요소가 포함되어 있는 점이 다를 뿐이다. 참의원의 선거제도를 중의원과 다른 원리로 재설계할 필요가 있다. 중의원이 소선거구제에 의해 소수정당의 존재여지를 줄이는 것에 대한 대가보상으로서, 참의원에서는 블록별 대선거구제, 내지는 비례대표와 대선거구제의 조합 등의 안이 떠오를 수 있다.

또한, 이원제 속에서 참의원의 개성을 강조하기 위해서는, 사법에 대한 국회의 관여에 대해서도 궁리할 필요가 있다. 현재 상황으로는, 최고재판소 판사의 지명은 내각이 자유로이 행하고 있다. 그것이 사법의 위축, 행정부에 대한 촌탁을 불러오고 있다. 내각이 지명한 최고재판소 판사후보자가 참의원에서 소신, 견해에 대해서 질의를 받게 하는 규정을 도입하는 것은, 판사의 지명을 내각의 자의에 맡기지 않기 위해서, 어느 정도의 효과를 지닐 것이다. 이것은 헌법개정을 필요로

하는 이야기로서, 상당히 장기적인 과제이다.

1980년대의 나카소네, 2000년대의 고이즈미 등 장기정권이 끝난 후에는, 자민당은 혼미에 빠져, 단명정권이 이어졌다. 이것은 우연이 아니다. 장기정권의 그림자에 다음 정권을 짊어지는 지도자의 육성이 늦어져, 정책의 정체, 부패의 만연 등의 폐해가 쌓인 것의 결과이다. 이 패턴은, 포스트 아베에서도 반복될 것이 틀림없다. 각료나 여당정치가의 폭언, 국토교통부대신이 총리대신이나 재무대신의 희망을 촌탁하여 도로예산을 늘린 것을 자랑스레 이야기한 발언 등, 오만함이나 방만한 예산 낭비를 보이는 불상사는 이미 연이어 일어나고 있다. 그렇기에, 정권교체를 눈여겨보고 이 상식에 벗어난 정치를 제대로 돌리기 위한 구체적인 정책을 생각해두는 것에는 의미가 있다. 지금은 비현실적으로 보이더라도, 그러한 것을 구체화할 기회는 의외로 가까운 장래에 올지 모른다.

|제언3| 관료제를 개혁한다

민주주의를 다시 세울 때의 과제로서, 정치와 행정, 정치가와 관료의 관계를 다시 세우는 것도 불가결하다. 일본에서는, 메이지 이후의 관료지배의 전통에 대항하기 위해, 1990년대 이후 정치, 행정의 개혁 중에 정치주도가 주창되었다. 앞에 설명한 대로, 아베정권은 그러한 제도개혁 위에서 권력을 휘둘러 정권을 유지하고 있다.

　관료제 개혁의 초점은, 민주주의와 전문성의 밸런스의 회복이다. 1990년대의 행정개혁에서는, 전문성을 방패막이로 한 관료가 권력을 휘두르는 것이 가능했던 데에 대한 반동으로, 정치에 의한 관료제의 컨트롤이 진행되었다. 그것은 본래 민주주의의 강화를 목적으로 한 것이었으나, 그 결과 민주주의라는 미명으로 정치의 자의적인 개입이 횡행하여, 행정이 본래 발휘해야 할 전문성이나 중립성이 침해되었다. 인사면에서 통제받는다면, 관료는 인사권을 쥐는 정치가의 의향을 촌탁하는 것은 필연의 흐름이다.

　행정학자인 마키하라 이즈루牧原出는, 아베정권하에서 많은 행정의 불상사가 일어난 것에 입각하여, 다음과 같은 행정의 기본이념을 제시하고 있다. 첫 번째로, 국민의 정치적 선택을 존중하기 위해서 정치주도는 지속시킨다. 두 번째로, 정권 간부, 수상관저의 스태프 관료 각각에 대해서 행동, 언동을 공개하여, 정치주도의 과정의 투명성을 높인다. 세 번째로, 정책의 실패나 중대한 불상사에 대해서는 정권 간부가 책임을 진다. 네 번째로, 개혁은 단계적으로 행하여, 장래 생길 문제에 대해서 유연히 대응할 수 있도록 한다(『무너진 정치를 다시 세운다』 코단샤, 2018년).

　이것에 부가하고 싶은 것이, 행정이 본래 지녀야 할 전문성을 강화하기 위한 조치이다. 원전사고나 약해사건으로부터, 공평한 전문성을 얼마나 담보해야 할 것인가를 배워야 할 것이다. 관료가 자기들에게 유리하도록 자기들이 하는 것을 전부 정당화하는 전문가를 모아 정책에 허가를 얻는 것이 아니라, 행정에 대해서 비판적인 전문가도 포함하여 정책논의의 장을 확보하여, 그 과정을 공개하는 것이 필요하다. 구체적으로는, 심의회의 인선에 대해서 형식적인 국회동의가 아니라 학계나 미디어 등과의 의논을 통하여 다양한 전문가를 포함한 절차를 구축할 필요가 있다. 예를 들면, 일본학술회의라는 연구자의 공적조직에, 전문분야별로 정책입안에 대해 조언기구(advisory board)를 설치하여, 심의회의 구성이나 심의의 실태에 대해 정기적으로 컨트롤하는 틀을 만든다면, 관료들에 정책논의의 다면성이나 공평성을 확보하지 않으면 안 된다는 긴장감을 부여하는 것이 가능할 것이다.

또 하나, 관료제의 강점인 사실(evidence)을 기초로 한 정책 형성을 진행할 수 있도록, 정책의 근거나 논리를 국민을 향해 공개하고, 의논을 환기하는 것도 필요하다. 최근, 정치가의 의중이나 이해관계에 의해 정책목적이 설정되어, 사실근거 없이 정책이 추진되는 일이 반복되고 있다. 양심적인 관료는 부끄럽고 창피한 마음일 따름일 것이다. 다양한 데이터, 통계는 백서, 연감 등으로 정기적으로 발표되어, 정부의 홈페이지에도 게재되고 있다. 이것에 더하여, 일하는 방법 개혁이나 대학입시 개혁 등의 중요정책에 대해서는, 입법에 관한 기본적인 정보, 해결해야 할 상황, 근거가 되는 데이터, 정책의 기대되는 효과와 그것이 가져오는 인과관계 등을 알기 쉽게 정리한 계획서를 국민을 향해 공개하고, 의견공모(public comment)를 받는 구조를 만드는 것도 하나의 아이디어이다. 정책결정에 대해서 최종적인 책임을 지는 것은 정권의 지도자이며, 국민은 선거를 통해 그것을 추궁하는 것이 민주주의의 체계이다. 최종적으로 책임을 추궁하기 전에 사실에 기초하지 않는지 정책형성을 음미하고, 잘못이 깊이 들어가기 전에 수정할 기회를 만드는 것이 여기에서 말하는 퍼블릭 코멘트의 확충의 취지이다.

|제언4| 민주주의를 위한 미디어

권력에 대한 감시기능을 지니는 미디어를 회복하는 것도, 민주주의의 재생에는 필요하다. 여기에는, 제도적인 어프로치와 실태적인 어프로치의 양면이 있다.

제도적 어프로치로서는, 방송법제의 재검토가 필요하다. 이미 말한 대로, 현재의 방송법제하에서의 총무성의 감독권한은, 정권여당이 방송업자를 위협·통제하기 위한 도구가 되고 있다. 내각으로부터 독립된 행정위원회에 의하여 방송사업에 대한 면허, 감독을 행하는 것이, 자유롭고 공평한 방송을 보장하기 위해 필요하다.

또한, NHK에 관한 제도도 바꿔야 한다. NHK의 뉴스보도가 정부의 선전으로 전락하고 있는 것이 명백한 실정이다. 여기에서는 한 가지 심각한 사례만을 언급해두고자 한다. 2019년 4월 아키히토 천황이 이세신궁에서 퇴위의 보고를 하였을 때에, NHK의 뉴스는 당초 이 신사의 내궁을 '황실의 선조인 아마테라스 오미카미天照大御神를 모신다'고 설명했다. 쇼와 천황의 인간선언이나 국가신도의 부정이라는 전후 일본의 기본원리를 알지 못하는 사람들이 일일 뉴스를 보도하고 있는 것에는 큰 충격을 받았다고 기억한다. 현재, NHK의 회장 및 경영위원의 인사와 예산은 국회 승인 사항이다. 이것은, NHK에 대해서 민주적인 컨트롤을 더하기 위한 제도이다. 그러나, 실제로는 국회의 다수파의 압력을 NHK에 가하기 위한 틀로서 기능하고 있다. NHK를 국회관여의 압력으로부터 해방시키는 것이, 자율성과 자유를 확립하기 위해서 필요하다.

구체적인 제도에 대해서는 영국 BBC 등을 참고하여 설계하는 것이 고려된다. 시청자 대표나 각계의 유식자로 이루어진 감리위원회를 설치하여, 인사, 재무 등의 결정을 내리고, 방송내용의 공정함, 정확함에 대해서는, 현재의 BPO(방송윤리, 방송향상기구)의 역할을 감리위원회에 맡겨, 그것을 확대하여 체크하는 것이, 특정 정파로부터의 개입을 배제하기 위해 유효할 것이다. 감리위원의 인선에 대해서 정부나 국회가 관여하는 것은 불가피할 것이나, 정부 여당만으로 결정하는 것이 아니라, 야당으로부터의 추천을 인정하는 것으로, 밸런스의 확보를 꾀해야 할 것이다.

실태적인 어프로치란, 지금 같이 곤란한 미디어 환경 속에서, 사실의 보도, 권력의 감시에 분투하는 양질의 저널리스트를 지원하는 것이다. 방송국, 신문사는 시청자, 독자의 목소리를 끊임없이 신경 쓴다. 좋은 보도, 기사, 방송에 대한 칭찬의 목소리는, 엽서 한 장, 이메일 한 통이라도 효과가 있다. 권력감시를 싫어하는 보수적인 경영자가 있다고 하더라도, 독자나 시청자로부터의 지원, 응원이 있다면 비판적인 시야를 지니고 있는 현장의 기자, 제작자가 취재, 제작을 지속하는 것이 가능하다.

나는, 삿포로에 살고 있을 때, 미디어에 관심을 지닌 지인과 '미디어 앰비셔스'라는 운동을 일으켰다. 1년에 한 번, 그해의 뛰어난 보도, 방송, 신문기사를 표창하여, 기자, 제작자를 격려한다는 운동이다. 시민의 손으로 만든 운동이므로, 표창이라 하더라도 부상은 없다. 삿포로에서 열리는 표창식장에 오는 여비조차, 수상하는 측에 부담을 부탁하고 있다. 어떤 의미로는 제멋대로인 운동이다. 그러나, 표창을 받은 저널리스트는 종이 한 장짜리 표창장을 받기 위해 일부러 삿포로까지 와주는 것이 대부분이다. 그리고, 여기에서 방송이나 기사에 건 뜨거운 마음을 말해주고 있다. 이러한 운동이 전국적으로 퍼지게 된다면, 현장의 저널리스트는 힘을 받게 되어 보도도 활발하게 될 것이다.

|제언5| 시민의 과제

마지막으로, 민주주의를 다시 세우기 위해 시민의 역할에 대해서 생각해보고자 한다. 민주주의를 떠받드는 시민에 필요한 미덕은, 정의감, 정확한 인식, 낙관의 지속성이다.

무엇에 대해 불만을 지니고, 증오를 가지는가는 사람에 따라 다르다. 노력을 전혀 하지 않고 생활보호를 받고 있는 인간을 괘씸하다고 생각하는 사람은, 정의감에 기초하여, 빈곤자를 공격할 것이다. 민주주의와의 관계에서 필요한 정의감의 기준이 되는 것은, 개인의 존엄을 지키는 것과 법 아래의 평등을 존중하는 것에 있다. 이 두 가지에 입각하여, 현실의 세계에서 무엇을 부정이라 규정할지는 응용문제이다. 개인의 존엄을 지킨다는 것은, 지역, 경우境遇(놓여 있게 된 형편이나 사정. 옮긴이), 성별, 출신성분을 넘어 모든 인간에 대해서 차별이나 괴롭힘을 인정하지 않는다는 태도를 갖는 것이다. 또한, 법 아래의 평등을 존중하는 것은, 법을 무너뜨리고도 태연히 보호받고 있는 자를 추방하고, 권력에 가까운 것을 이유로 특권을 얻고 있는 데에 반대하는 태도를 취하는 것을 의미한다.

포퓰리즘의 역사에 관련하여 서술한 바와 같이, 시민의 정의감은 특권을 폐지하고, 세상을 개혁하는 원동력이다. 권력자나 그들에 가까운 부유한 이들이 자신들이 좋도록 세상을 움직여가는 것에 대해서 이것을 당연하다고 받아들이는 냉소주의를 부정하는 것도, 정의감과 표리일체이다.

정치사상사 연구자인 노구치 마사히로는, 본인 스스로 세미나에서 학생들과 겪은 의논 경험으로부터 최근의 젊은이를 '비판'하는 말에서, 내용을 검토하여 찬반을 생각하는 것이 아니라, 비판 그 자체를 거절하게 되었다고 지적하고 있다(「'커뮤니케이션력 중시'의 젊은이는 이렇게 '야당을 싫어하게' 되어 간다」, 『현대비즈니스』, 2018년 7월 13일). 확실히, 권력의 악이나, 세상의 부조리에 대해서 이상하다는 목소리를 높이는 데에 대한 공명은, 사회 전체에서 잦아들고 있는 인상이다. 최근에는 SNS를 통하여 보통의 시민도 자신의 의견을 불특정 다수에 대해 발신하는 것이 가능하다. 그리고, 인터넷상에서의 권력 비판의 주장에 대해서는 가열한 공격이 더해진 것도 있다. 비판적인 자세를 취하는 것이 리스크를 동반한다는 감각을 특히 젊은이가 지니게 된 것이다.

모리토모·가케학원 문제, 공문서위조 등 정권이 붕괴해도 이상하지 않을 스캔들이 속출하더라도, 아베정권이 항상 40%

대의 지지율을 유지하고 있는 점 및 야당에 대한 지지가 확산되지 않고 것은, 비판의 말에 대한 사회의 공명이 없기 때문이다.

비판 자체를 기피하는 젊은이에 대해서, 정의감을 내세워서 설교를 하는 것은, 헛된 수고이다. 그러나, 비판을 부정하는 것은 자유나 민주주의를 부정하는 것으로 이어지게 된다고 계속하여 말해가지 않으면 안 된다. 비판을 부정하고, 표면적인 조화의 질서에 매몰되는 것은, 노예로의 첫걸음이다.

정확한 인식은, 적확한 정책선택을 위한 전제조건이다. 물론, 실제로는 티비나 신문의 보도에는 스테레오타입이 흘러넘쳐, 선입관이나 편견에 사로잡히는 경우도 많다. 그러나, 지금은 인터넷으로 정부나 국제기관의 통계자료에 직접 접속하는 것이 가능하다. 사회 속의 문제에 대한 언설에 대해서, 그 출전이나 근거를 스스로 확인하는 것은 비약적으로 용이해졌다. 또한, 저널리즘 안에서도 팩트 체크가 행해지게 되었다. 이러한 복수의 정보를 교차시켜가며 정확한 인식을 지니는 것이 미디어 리터러시이다.

제2장에서 소개한 히비 요시타카는, BBC의 '거짓과 페이크 뉴스에 속는 것을 막기 위해서는'이라는 기사를 소개하고 있다. 거기에는, 다음의 6개 조가 게재되어 있다('탈진실의 시대'에서 발췌).

- 단순함에 유인되지 않는다.

- 세공된 이미지에 주의를.

- 자기 자신의 무지를 받아들이도록 하자.

- 필터버블(자기가 듣기에 좋은 정보의 거품이나 벽으로 둘러쌓인 상태)을 뛰어넘어 매사를 보자.

- 알아보기 좋아하는 사람이 되자.

- 반대 측에 대해서도 고려를 하자.

어느 것도 그 말대로이나, 여기에 하나만 더하자면, 컴퓨터나 스마트폰의 화면만을 봐가며 혼자 생각하는 것이 아니라, 실제로 타인과 목소리를 나누며 의논하는 것의 중요성도 지적하고 싶다. 타인과 얼굴을 맞대면서 이야기를 하면, 사람은 감정을 억누르고, 예의를 지녀 의논하는 것이 가능할 것이기 때문이다.

낙관과 지속에 대해서는, 굳이 다시 주석을 붙일 필요는 없다. 수백 년이라는 단위로 보자면, 인간은 자유의 획득과 민주주의의 확립을 위해 싸워왔고, 성과를 올려왔다. 역사는 간단하지 않고, 전진과 후퇴를 해 가면서도, 자유와 민주주의는 정착되어 왔다. 20세기에는 파시즘이라는 거대한 반동이 있었으나, 인간은 그것을 뛰어넘어 전후의 민주주의를 만들어냈다. 자유나 민주주의의 가능성을 포기하는 것은 그 포기 자체가 자유나 민주주의의 쇠약을 불러오는, 자기실현적 예언이다. 마틴 루터 킹이나 넬슨 만델라의 고투를 생각하면, 현재의 민주주의 국가의 시민이 절망을 말하는 것은 사치스러운 것이다. 민주주의의 발걸음을 우리들의 시대에 끊어지게 해서는 안 된다.

저자 후기

1993년의 『정치개혁』 이래, 본인은 2, 3년에 1권 정도의 페이스로 동시대의 정치를 주제로 한 신서를 써 왔다. 본인 나름대로, 꿈과 희망을 지니고 일본정치의 바람직한 방향을 논할 마음이었다. 그러나, 2012년에 쓴 『정권교체란 무엇이었던가?』를 마지막으로 7년이나 공백을 두고 말았다. 그간, 2014년에 근무지를 도쿄로 옮겨, 집단적자위권의 행사용인이나 안보법제에 반대하는 운동, 더 나아가 국정선거에 있어서의 야당공동투쟁 운동 등, 실천에 몸을 던져왔음에도, 패배의 연속이었기에 마음이 약해졌던 것이 그간의 나태함에 대한 변명이라 하겠다.

일찍이, 마루야마 마사오(일본의 정치학자)는 본래의 연구와 구별하여, 시론時論의 집필을 야점夜店에 비유했다. 본인 등은 야점夜店의 영업이 본업이 된 것이나 다름없다. 허나, 지금은 야점 영업을 필요로 하는 시대이다. 본서에서도 소개한 것과 같이, 구미에 있어서의 민주주의의 위기상황에 대해서, 뛰어난 연구를 해온 정치학자나 역사학자가, 일반 시민을 위하여 경세서를 저술하고 있다. 일본에서도, 민주주의를 죽게 하지 않게 하기 위한 사고와 행동의 가이드북이 필요하다고 생각하여, 이 수년간 실천경험에 기초한 이 책을 쓰게 되었다.

언제까지고 이어질지 모를 진창과도 같은 정치의 위기상황 속에서, 피로를 느끼는 일은 종종 있어 왔으나, 민주주의를 되찾기 위한 운동에 몰두하는 많은 시민들과 만난 일은, 본서 집필의 원동력이 되었다. 또한, 스기타 아쓰시杉田敦, 사이토 준이치斎藤純一, 고하라 다카하루小原隆治 제씨를 시작으로 하는 '입헌 데모크라시 회立憲デモクラシーの会'에서 같이 활동하는 연구자 여러분들에는, 많은 시사를 받았다. 그 학은에 감사하고 싶다. 가네코 마사루金子勝 씨, 나카노 고이치中野晃一 씨의 격려에도 예를 표하고 싶다. 또한, 이와나미서점의 오다노 고메이小田野耕明 씨로부터, 원고에 대한 많은 조언, 제안을 받아 읽기 쉬운 책으로 만들 수 있었다. 마음으로부터 감사를 표하고 싶다.

2019년 9월
야마구치 지로

옮긴이의 말

이 책은 일본정치학계의 권위자로 일본정치학회 이사장 (2008-2010)을 역임하기도 한 일본의 양심적 리버럴 지식인인 야마구치 지로 현 호세이 대학 교수의『民主主義は終わるのか―瀬戸際に立つ日本』(岩波書店, 2019)의 번역서이다.

저자의 이름은 한국의 독자들 중에서도 한겨레 신문의『세계의 창』칼럼 연재로 낯이 익은 분도 있을 것이다. 국내 독자들을 위해 간략히 소개하자면, 야마구치 지로 교수는 민주당 시절부터 정책 브레인으로 활동하며 정치개혁을 위한 운동에 깊게 참여 하였고, 민주당 정권교체(2009) 이후로도 후텐마 미군기지 이전 문제, 동일본대지진 및 후쿠시마 원전 대처 문제 등으로 혼미를 더해가던 민주당의 미래를 걱정한『정권교체는 무엇이었던가』(岩波書店, 2011)를 출간하는 등 강고한 자민당 장기 집권을 무너뜨리고 민의를 통해 이뤄 낸 정권교체의 불씨를 꺼뜨리지 않기 위한 노력을 이어갔다.

이후 자민당에 의한 정권교체 이후에도 아베정권의 평화헌법 개헌 움직임으로부터 헌법을 수호하기 위한 안보법제

(집단적자위권) 반대운동 등의 사회적 운동에 참여했던 것은 물론, 고이케 신당 희망의당과의 합당을 거부한 민진당 리버럴을 중심으로 한 입헌민주당 결성에도 힘을 보탠 한편, 현재 평화헌법을 수호하기 위한 입헌 데모크라시 회 공동대표를 맡고 있기도 한 실천적 지식인이기도 하다.

이 책은 출간 당시('19. 10.) 7년째 이어오던 아베정권이 가져온 헌정질서의 파괴, 언어의 파괴, 민주주의의 위기를 호소하고 있다. 이 위기는, 옮긴이의 말을 쓰고 있는 현재('20. 12.)에도 지속되고 있는 위기이기도 하다. 한국어판 서문에서 저자가 지적한 바와 같이, 아베정권은 스가정권으로 교체되긴 하였으나, -아베 총리의 복심으로 관방장관을 맡던 스가 요시히데에게 정권이 계승된 점에서 잘 드러나듯이- 아베적인 것은 여전히 이어지고 있는 상태이며, 여전히 아베 시대에 확립된 수상에 의한 강권적 지배는 계속되고 있어, 일본의 민주주의와 양국 간의 관계에 여전히 먹구름을 드리우고 있다. 이 점에서, 이 책의 테마는 여전히 유효하다.

제2차 세계대전 후 반세기 동안, 여러 우여곡절은 있어왔으나 전쟁과 식민지 지배에 대한 부채의식에서 자민당 정권은 대외적으로 아시아 근린국가들과의 우호를 주창해가며, GHQ(미군정)에 의해 이식된 평화헌법을 인정하는 자세를 취해 왔다. -비록 자위대 전력의 유지 자체는 헌법과는 별개로 지속해 왔으나 이는 파멸적인 전쟁을 겪었던 전쟁세대의 전쟁에 대한 경각심과 반성에서 비롯된 것이었고, 평화헌법 개정과 전력戰力의 보유를 주창하는 보수방류는 자민당 내에서도 소수였다.

1993년 8월 고노 요헤이 당시 관방장관의 일본군 '종군 위안부' 문제의 공식 인정 및 사죄를 담은 고노 담화, 1995년 8월 사회당-자민당 연립 정권 당시 전후 50년을 맞아 사회당의 무라야마 도미이치村山富市 수상이 공식적으로 내놓은 식민지 지배와 침략에 대한 사죄를 담은 무라야마 담화는 전쟁을 겪은 마지막 세대에 의한 전후합의의 갱신이기도 했다. 전후戰後를 이끌어 온 양당의 이러한 공식적인 전후합의의 갱신의 입장표명으로, 원래대로라면 이에 전후체제의 정통성을 둘러싼 국론의 대립은 소멸되어야 했을 것이었다.

그러나 이때부터 전후헌법체제를 둘러싼 합의 자체를 뒤흔드는 우익으로부터의 도전이 본격적으로 시작되었고, 그 선두에 선 것이 아베 신조였다. 그리고 무라야마 담화로부터 20여 년이 지난 현재, 어째서 전후 반세기 동안 일본에서 유지되어오던 전후합의는 그 갱신의 시점에서 맹렬한 우익으로부터의 도전을 받아 지금의 파탄 직전의 지경에 이르게 되었는가? 이에 대해 저자는 비교정치학자인 후안 린츠의 '정통성과 유효성' 이론을 가져와 설명하고 있다.

바이마르 공화국과 같이 일본의 평화헌법도 패전과 함께 이식된 민주주의와 함께 세워졌다. 미국독립전쟁이나 프랑스혁명과 같이 정치체제의 창설에 국민 자신이 참여한 경위와 신화가 강고하다면 정통성은 높을 것이나, 이 점에서 패전과 함께 이식된 민주주의와 헌법은 해당 요소의 결여로 인해또 다른 요소, 즉 유효성에 기댈 수밖에 없게 되었다. 전후 일본의 정치시스템은 헤이세이 불경기가 시작되기 이전까지 고도경제성장-안정경제성장기 내내 국민들에게 생활의 안정을가져다주었고, 이 점이 하이퍼인플레이션과 대공황으로 유효성을 상실하여 무너진 바이마르 공화국과는 다른 점이었다고할 수 있었다.

그러나, 버블경제 붕괴 후 장기불황이 이어지며 패전 후미국에 의해 이식된 헌법의 정통성을 끊임없이 공격하는 우익의 공격을 견디지 못할 정도로 전후합의의 유효성은 감소되어 왔다. 냉전의 종료에 의해 더이상 경제발전에서 미국의비호를 기대할 수 없게 되었고, 경제적 쇠퇴가 지속된 끝에아시아지역의 경제 리더로서의 프라이드도 중국의 급부상으로 무너지게 되었다. 또한 시간의 흐름에 따른 전쟁을 기억하던 세대의 소멸로 인해 그때까지 봉인되어 왔던 배외적 내셔널리즘이 우익세력들의 선동으로 한층 발호하게 되었다.

이 발호를 정치적으로 이용한 것이 아베 신조였다. 국민의눈과 귀로써 정보를 수집하여 국민의 정치참가를 가능하게하는 미디어에 대해, '공정성이 결여된 보도를 반복할 시 전파정지명령을 낼 수 있음'을 시사하며, 보도기관에 대해 '공정'한 보도를 선거 때마다 반복해서 요청하며, 가두의 압도적 다수의 목소리를 무시한 형식적인 양론병기를 요구한 것은 미디어의 자기규제를 원하는 것으로밖에 보이지 않는 처사였다. 이에 아베정권 내내 아베정권에 반대하는 목소리는 묻혀졌다. 부총리인 아소 다로의 "나치스가 했던 수법에서 배우는 게 어떨까?"라는 발언은 단순한 실언이 아니라, 국민에 증오와 공포를 불러일으키는 것으로 자당에 유리한 민의를 유도하고자 하는 아베정권의 중추의 속내가 묻어난 것이라 할 수 있겠다.

배외적 내셔널리즘이 국내의 '비애국적으로 보이는 사람들'에게 향해지면 헤이트스피치도 정당화되며, 국외로 향해지면 주변국과의 평화를 위협하게 된다. 일본 국내의 민주주의가 위협받는 일은 우리로서도 강 건너 불구경 할 일이 아닌 것이다. 다행히 아직 일본에는 저자 야마구치 지로 교수를 비롯한 민주주의와 평화헌법을 지키고자 하는 이들이 존재하고 있다.

한 번 민주주의를 잃었었던 우리들은 잃었던 민주주의를 되찾기 위해 얼마나 지난至難한 노력이 필요했었는지 알고 있다. 긴 그림자를 드리웠던 아베정권이 왜곡시켜 놓은 민주주의의 틀을 바로잡기 위한 도정道程은 쉽지 않으리라 생각되나, 멀리서나마 인국隣國의 양식있는 시민들의 건투를 기원하고자 한다. 또한 독자 여러분들도 그런 마음으로 이 책을 들어 주셨으리라 생각된다.

　마지막으로, 국내 독자들에게 이 책을 보일 수 있도록 책의 출간을 흔쾌히 받아들여 힘써 주신 어문학사 윤석전 대표님, 편집에 힘써 주신 편집부원들에게 다시 한번 감사의 말씀을 드린다.

2020년 12월
김용범

독서 안내

■ 정치와 사귀는 방법

1. 丸山眞男『政治の世界 他十篇』(松本礼二編注、岩波文庫, 2014년)

2. ジェリー・ストーカー『政治をあきらめない理由 - 民主主義で世の中を変えるいくつかの方法』(山口二郎訳、岩波書店, 2013년[원저 2006년])

3. 文部省『民主主義』(角川ソフィア文庫, 2018년[초판 1948년])

4. 将基面貴巳『日本国民のための愛国の教科書』(百万年書房, 2019년)

　본서에서도 말한 것과 같이, 정치라는 활동은, 설계도대로 프라모델을 조립하는 것과는 다르게, 마음대로 진행되지 않는 것이 당연한 것이다. 정치에 있어서의 선택은 나쁨의 가감의 선택이라는 리얼리즘을 지니는 것이, 주권자로서의 마음가짐이다. 1과 2는 그와 같은 정치라는 행위의 본질에 대해서 규명하여, 다양한 사회에 있어서의 상호작용과 합의의 중요성을 가르치고 있다.

　그러나, 동시에 세상을 보다 좋게 바꾼다는 이상을 잃어버린다면, 정치라는 활동은 무의미하게 된다. 3은, 제2차 세계대전 패전 직후의 일본에서, 전후 민주주의의 요령을 아동·생도에게 알기 쉽게 설명한 텍스트북으로, 최근 문고본으로 복간되었다. 전후 민주주의의 출발점에 있어서 민주주의에 거는 교육자의 뜨거운 마음이 전해지고 있다. 민주주의를 살리기 위해, 시민으로서 어떻게 행동해야 할 것인가에 대해서도 평이하게 보여주고 있다.

정치에 참여할 때에 신경 쓰지 않으면 안 되는 것은, 충동이나 열광의 과잉이다. 특히 최근에는 내셔널리즘이 그런 종류의 열광을 만들어내는 도구로써, 위정자에 의해 이용되는 것이 눈에 보인다. 4는, 내셔널리즘과 애국심의 본질에 대해 극히 알기 쉽게 설명한 호저이다. 본래의 패트리어티즘은, 권력에 대한 비판정신을 내포하고 있음을 명확히 하고 있다.

■ **1990년대 이후의 민주주의의 변용**變容**과 고경**苦境

---

5. シャンタル・ムフ 『左派ポピュリズムのために』(山本圭、塩田潤訳、明石書店, 2019년[원저 2018년])

6. ヤン=ヴェルナー・ミュラー 『ポピュリズムとは何か』(板橋拓己訳、岩波書店, 2017년[원저 2016년])

7. 金成隆一 『ルポ トランプ王国 - もう一つのアメリカを行く』(岩波新書, 2017년), 동저자 『ルポ トランプ王国2 - ラストベルト再訪』(동출판사, 2019년)

8. 金子勝 『平成経済 衰退の本質』(岩波新書, 2019년)

9. 中北浩爾 『自公政権とは何か -「連立」にみる強さの正体』(ちくま新書, 2019년)

10. 牧原出 『崩れる政治を立て直す - 二一世紀の日本行政改革論』(講談社現代新書, 2018년)

11. 野口雅弘『忖度と官僚制の政治学』(青土社, 2018년)

12. 大竹弘二、國分功一郎『統治新論 - 民主主義のマネジメント』(太田出版, 2015년)

13. 加藤典洋『戦後入門』(ちくま新書, 2015년)

14. 塚田穂高編著『徹底検証 日本の右傾化』(筑摩選書, 2017년)

15. 山口二郎『政権交代とは何だったのか』(岩波新書, 2012년)

5이하는, 과거 30년 사이에 일어난 민주주의의 변화를 이해하기 위한 책이다. 5와 6은 포퓰리즘이라 불리는 정치현상에 대한 대조적인 평가를 하고있다. 5는 정치변혁을 위한 에너지원으로써 평가하며, 6은 자유를 파괴하는 위험을 내포하고 있다고 경계한다. 다면적인 이해에 양쪽의 시야가 필요하다. 7은 미국에 있어서의 포퓰리즘의 현대적 형태를 현지 취재로 밝히고 있다. 8부터 11은, 일본의 경제, 정당정치, 행정, 관료제에 있어서의 변화 내지는 열화를 밝히고 있다. 12는 정치에 있어서의 책임의 의미에 대하여 이해하는 데에 유익하다. 13은 전후 일본의 헌법질서가 어떻게 형성되어, 어떠한 위기에 직면하고 있는지, 역사적인 전망 속에서 논하고 있다. 14는, 미디어, 문화, 종교, 내셔널리즘 등 다양한 분야에서, 현대 일본이 자기 정당화나 배외주의가 고양되고 있는 점에 대해 분석한 논문을 모으고 있다. 민주당 정권의 공과나 붕괴의 이유에 대해서 본서에서는 그다지 말하지 않았으나, 15는 정권교체의 의미와 한계에 대해서 논하고있다. 또 한번 정권교체를 일으키기 위해서

는 여기서부터 의논을 시작하지 않으면 안 된다.

■ 정보와 미디어

---

16. ウォルター・リップマン『世論(上・下)』(掛川トミ子訳、岩波文庫, 1987년
[원저 1922년])

17. ジェイミー・バートレット『操られる民主主義 - デジタル・テクノロ
ジーはいかにして社会を破壊するか』(秋山勝訳、草思社, 2018년[원저
2018년])

18. 津田大介、日比嘉高『「ポスト真実」の時代 -「信じたいウソ」が「事実」
に勝る世界をどう生き抜くか』(祥伝社, 2017년)

인간의 인식능력에는 한계가 있으나, 가능한 한 정확히 사물을
인식하고, 논리적으로 생각하는 것은 정치참가의 대전제이다. 16
은, 미디어와 여론의 관계를 논한 고전이다. 스테레오타입이라는
개념을 이해하는 것만으로도, 미디어를 보는 관점이 바뀔 것이다.
17과 18은 인터넷시대에 있어서의 인식의 방법, 탈진실이나 페이크
뉴스에 대한 대처의 방법을 논한 유익한 책이다.

■ 디스토피아를 상상하기 위해서

19. ジョージ・オーウェル『一九八四年』(高橋和久訳、ハヤカワEPI文庫, 2009
    년[원저 1949년])

20. 中村文則『R帝国』(中央公論新社, 2017년)

21. 吉村萬壱『ボラード病』(文春文庫, 2017년[単行本 2014년])

22. 柳広司『象は忘れない』(文藝春秋, 2016년)

정치를 등한시하여, 위정자 멋대로 하도록 방치한다면 우리들의 자유는 빼앗기게 되며 숨쉬기 힘든 세상이 찾아온다. 그것의 무서움을 이해하기 위해서는, 디스토피아(지옥도)를 그린 문학작품(픽션)을 읽는 것이 유익하다. 19는, 디스토피아 소설의 고전으로, 특히 정치와 언어의 관계에 대해서 생각하게 해준다. 20, 21, 22는, 최근 일본 작가가 쓴 경세의 이야기로, 권력의 팽창뿐만이 아니라, 사회에 있어서의 옆으로부터의 억압에 의해 인간성이 붕괴되어가는 무서움을 느끼게 해준다.

■ 민주주의의 위기의 분석과 그 타개책

23. ティモシー・スナイダー『暴政 ― 二〇世紀の歴史に学ぶ二〇のレッ
    スン』(池田年穂訳、慶應義塾大学出版会, 2017년[원저 2017년])

24. スティーブン・レビツキー、ダニエル・ジブラット『民主主義の死に方 - 二極化する政治が招く独裁への道』(濱野大道訳、新潮社, 2018년[원저 2018년])

25. ヤシャ・モンク 『民主主義を救え!』(吉田徹訳、岩波書店, 2019년[원저 2018년])

마지막의 세 책은, 구미의 정치학자나 역사학자가, 트럼프현상이나 브렉시트(영국의 EU탈퇴)라는 위기상황에 직면하여, 민주주의를 옹호하기 위해서 쓴 책들이다. 현실과 싸우는 지식인의 말에는, 배울 점이 많다. 특히, 23은, 홀로코스트나 스탈린주의에 의한 억압의 역사를 연구하는 역사가가 쓴 읽기 쉬운 책이다. 1930년대의 민주주의의 붕괴가 결코 먼 과거에 일어난 일이 아닌 것을 설명하고 있다.

민주주의는 끝나는가
벼랑 끝에 서 있는 일본

초판 1쇄 발행일 2021년 4월 2일

지은이 야마구치 지로山口二郎
옮긴이 김용범
펴낸이 박영희
편집 박은지
디자인 최소영
마케팅 김유미
인쇄·제본 AP프린팅
펴낸곳 도서출판 어문학사
　　　　서울특별시 도봉구 해등로 357 나너울카운티 1층
　　　　대표전화: 02-998-0094/편집부1: 02-998-2267, 편집부2: 02-998-2269
　　　　홈페이지: www.amhbook.com
　　　　트위터: @with_amhbook
　　　　페이스북: www.facebook.com/amhbook
　　　　블로그: 네이버 http://blog.naver.com/amhbook
　　　　　　　다음 http://blog.daum.net/amhbook
　　　　e-mail: am@amhbook.com
　　　　등록: 2004년 7월 26일 제2009-2호
ISBN 978-89-6184-996-8(03340)
정가 18,000원